KB123170

마음으로
경영하기

# 마음으로
# 경영하기

**제대로 해내기 위한 마음 관리의 기술**

김효빈 지음

piper
press

# 목차

**3장.**

**마음 보듬기:** 안간힘 쓰지 않아도

# 마음 들여다보기:

## 설레는 기분으로
## 시작할 때

# 재미있게 살아야
# 일이 됩니다

---

브랜드를 만들고, 브랜드를 키우고, 또 다른 브랜드들을 가꿔 주는 일을 합니다. 카페와 편집숍 형태의 복합 문화 공간 mtl과 보난자 커피 코리아를 공동 창업했어요. 지금은 브랜딩 스튜디오 Apt를 운영하고 있습니다.

24살에 창업해서 올해로 9년간 사업을 이끌어 오며 깨달은 일이 돌아가는 원리는 단 하나예요.

'하고 싶은 마음이 들어야 한다.'

하고 싶은 마음이 일을 시작되게 하고, 일을 추진되게 하고, 일을 굴러가게 한다는 걸 많은 시행착오를 거쳐서 배웠습니다. 하고 싶지 않은 상태에선 아무리 시간을 쏟고 힘을 들여도 성과는 나지 않는다는 것을요.

그래서 늘 마음에 집착하고, 기분에 신경 씁니다. 어떤 것을 했을 때 기분 좋아지는지, 어떤 상황에서 설레고 소름 돋는지 늘 파악하려 애써요. 좋은 기분이 들 때까지 무작정 기다리지 않고, 좋은 기분을 만들어내려고 합니다. 좋은 에너지가 있어야 좋은 아이디어가, 좋은 실행력이 나오니까요.

다양한 분야의 일을 재미있게 해나가다 보니 이런 질문을 종종 받습니다. "도대체 어떻게 하셨어요?"

사실 하기만 하면 됩니다. 타고난 자질이나 재능이 있어서가 아니라, 그냥 했더니, 이렇게 되었다는 게 정말로 사실이거든요.

하지만 어려운 건, 하는 것 자체입니다. 그래서 어떻게 말해줄 수 있을지 고민했습니다. 어떻게 하면 '할 수 있도록' 도울 수 있을까? 해도 될까 망설이는 분들에게 할 수 있는 힘을 줄 수 있을까?

'하기만 하면 된다'는 답을 좀 더 구체화해 보기로 했습니다. 실행하려면 어떻게 해야 할까요?

재미있으면 할 거예요. 참고 일하는 게 아니라, 열심히 했는데도 시간이 금방 지나가 있을 만큼 재미있다면 누구나 해보려고 하겠죠.

그렇다면 재미있게 하려면 어떻게 해야 할까요? 원하는 일을 발견하고, 기분 좋은 상태로, 좋은 사람들과 하면 될 거예요.

너무 꿈같은 이야기인가요? 운이 좋아서, 타고난 게 있어야만 가능한 일이 아닙니다. 의식적으로 내 기분을 좋게 만들어서 일의 재미를 찾고, 일을 되게 만들 수 있어요.

저 역시 나는 왜 이렇게 운이 없을까? 대체 왜 나에게만 이렇게 큰 고통이 오는 거지? 하는 의문에 휩싸였던 적이 있습니다. 여러 개의 매장을 운영하고 있을 때 코로나 사태가 터져서 수개월 간 아무것도 못했던 때도 있었고, 빚을 내서 첫 가게를 열었는데 수익은 거의 없었던 때도 있었습니다. 참고 버티면 좋은 날이 올 거라 믿고 쉬지 않고 일만 하다가 결국은 번아웃으로 쉬어야 했던 경험도 있고요.

그럼에도 종종 이런 생각을 합니다.
'내 인생 정말 멋있어.'

뭔가 대단하고 엄청난 일이 일어나서 그렇게 느끼는 건 아니에요. 오히려 사소하고 별것 아닌 일을 하는 순간일 때가 더 많습니다.

좋아하는 음악을 틀어놓고 일을 시작하려 할 때, 커피 한 잔을 사서 마시고 있을 때, 운전을 하면서 보이는 풍경이 아름다웠을 때.

어제와 같이 평범한 하루인데도 갑자기 특별하고 멋져 보여요. 이미 여러 번 겪은 일인데, 오늘은 왠지 감사하게 느껴집니다. 아무것도 변하지 않았는데, 에너지가 샘솟습니다.

그럴 때 제가 아닌 또 다른 누군가가 되어 제 자신을 바라보고 있는 듯한 상상을 해요. 마치 유체이탈이라도 한 것처럼요. 예를 들어, 가능한 일정이라면 아침에 30 분은 가볍게 뛰려고 노력하는데요. (매일은 아니지만⋯) 뛰고 있을 제 모습을 일부러 상상합니다. 동이 터가는 산책로에서 음악을 들으며 뛰고 있는 사람. 부지런하고, 건강하고, 성실한, 너무 멋있는 사람을요.

'뛰고 있는 나, 너무 멋있잖아.' 스스로 생각하고 나면 기분이 좋아집니다. 몸이 뜨거워지고, 팔에 소름이 돋아요. 괜히 살짝 더 멋있는 포즈를 잡고 달리게 됩니다. 어제보다 조금 더 달리게 됩니다. 나를 보고 있는 나를 의식해서요. 그리곤 진짜 잘했다고 칭찬해 주게 됩니다.

우리는 사실 '나'에 대해 너무 많은 정보를 가지고 있는지도 모릅니다. 어제 저지른 실수, 오늘 아침에 한 후회되는 말, 며칠 전부터 입 안을 괴롭히는 혓바늘 같은 것들을 모두 알고 있죠. 그래서 온전히 지금의 내가 갖고 있는 '멋짐'을 잘 느끼지 못하는 것 같아요.

우리가 SNS에서 본 화려한 일상 속 사람들, 점심의 카페에서 만난 여유로워 보이는 사람. 사실 누군가가 바라보는 지금의 내 모습과 크게 다르지 않을지도 몰라요. 어쩌면 다른 사람들은 지금 내 모습을, 내가 부러워했던 누군가를 보듯이 보고 있을 거예요.

기분이 좋아지면, 모든 게 달라집니다. 좋은 기분으로

시도해 보면 모든 게 잘된다는 걸 느낄 수 있습니다. 바뀐 건 단지 마음뿐인데도요.

당연한 이야기 같다고요? 맞아요. 기분이 좋으면 힘이 나는 경험은 누구나 해보셨을 거예요. 멋진 내 모습에 설레는 마음이 되었을 때, 가슴이 울렁하거나, 팔 뒤쪽이 뜨거워지는 듯한 느낌. 느껴보신 적 있을 거라고 생각해요.

중요한 건, 그 느낌을 일부러 만들어서 더 자주 느끼는 겁니다. 그렇게 스스로를 북돋아주고, 더 잘할 수 있게 만들어주는 거죠.

변화는 아주 작은 것에서 시작됩니다. 종교적인 의식이나 초자연적인 주술 같은 것을 말하려는 게 아니에요. 일상의 나를 더 자세히 들여다보고 내가 행복할 수 있도록 작은 것부터 채워나가는 것이 멋있는 삶, 재미있는 일의 시작입니다.

나의 마음을 움직이는 법, 하고 싶은 마음에서 출발하는 법을 연습한다면, 누구나 '하고 싶은 마음'으로 '하고 싶은 일'을 즐겁게 해낼 수 있을 거예요.

# 당장 하고 싶다는 마음

비즈니스를 시작해야겠다고 마음먹은 것은 10년 전쯤, 대학을 휴학한 후 유럽 배낭 여행을 하고 있을 때입니다. 당시 남자친구였던 지금의 남편을 만났거든요. 각자의 배낭 여행을 하던 중, 우연히 스위스에서 만나 연인이 되었습니다.

남편은 한국에서, 저는 미국에서 공부를 하고 있던 상황이라 4개월간 장거리 연애로 지내야 했는데요. 함께 있고 싶은 마음에, 함께 있을 정당한 사유를 만들기 위해,

둘 다 휴학을 하고 함께 호주로 워킹홀리데이를 떠났습니다. 최종 목표는 남자친구가 살면서 꼭 한 번 해보고 싶었던 세계 여행이었고, 여행 자금을 준비하기 위해 호주에서 일을 하며 돈을 모았죠.

그렇게 떠났던 세계 여행이 저희의 인생을 바꿔 놓았습니다. 어렴풋이 가지고 있던 저의 꿈을 현실로 살고 있는 사람을 여행 중에 만나게 됐고, 그 만남을 계기로 저와 남편은 함께 창업을 하게 됐거든요.

마음속 깊은 곳에 자리 잡은 저의 오랜 꿈은 구체적인 목표라기보다는 하나의 장면이었습니다. 평일 낮의 카페에서 여유롭고 편안한 모습으로 멋진 사람들과 함께 식사하고, 대화하는 장면. 그런데 실은 그게 노는 게 아니라 자기의 일을 멋지게 하고 있는 상황인 거죠.

당시만 해도 20대 초반의 어린 사람이 비즈니스를 한다는 개념이 거의 없을 때라 어떻게 하면 그런 모습으로 일하고 돈 벌며 살 수 있을지 상상하지는 못했습니다. 막연하게 그랬으면 좋겠다는 조금은 귀여운 생각을 오랫동안, 마음속 깊이, 진심으로 하고 있었어요.

창업이라는 옵션은 생각해보지 못했어요. 졸업하면 취업을 하는 게 자연스러운 순서였기 때문에, 구체적으로 어떤 일을 하겠다는 생각은 나중으로 미루고 있었습니다. 여유롭게 일하는 그 장면이 내 삶의 일부이기를 바라는 마음만 가진 채로요.

여행지에서 저의 막연한 바람을 실현하고 있는 사람을 만났습니다. 워킹홀리데이가 끝난 후, 호주-태국-라오스-인도를 거쳐 도착한 네팔에서였어요. 동갑인 그 친구와 같이 여행하고 시간을 보내다 보니 자연스레 무슨 일을 하는지 이야기하게 되었는데, 에코백을 만들어서 파는 사업을 한다는 거예요. 너무 신기했어요. 브랜드, 편집숍 같은 것은 전혀 모르지만 막연히 멋지다고 생각할 때였거든요.

그때 머릿속에서 댕-하고 울림이 시작됐습니다. 20대의 여자가 사업을 할 수 있구나. 그런 장면을 현실 세계에서 처음 목격한 것 자체가 너무 놀라웠어요. 이상하게 마음 한 쪽이 뜨끈해지면서, 심장이 주체할 수 없이 두근두근했습니다. 나도 뭔가를 할 수 있겠는데! 난 뭘 하지? 이렇게 하면 어떨까? 더 잘하면 더 잘될 수 있으니까, 더 잘하려면 어떻게 해야 할까!

그 친구를 만난 이후로는 매일 노트에 몇 시간씩 이런저런 가방 그림을 그려보며 시간을 보냈던 것 같아요. "이걸 지금 해야 하는데…"라는 생각으로 끙끙 앓으며, 꼬리에 꼬리를 무는 생각이 멈추지 않았습니다.

그때의 마음을 잊을 수가 없습니다. 하고 싶은 마음으로 가득 차 다른 모든 것이 무의미해지는 순간을, 지금 해야 되는데 할 수가 없으니 너무 답답한 마음을요. 누가 먼저 하면 어쩌지 하는 걱정으로 잠을 못 이루고 발을 동동 구를 정도였답니다.

네팔 그리고 아르메니아, 조지아, 요르단, 이란을 지나 아프리카의 첫 나라 이집트로 가기 직전인 이스라엘에서 남자친구에게 설명했어요. 머릿속에 가득 찬 창업 생각으로 이제 더 이상의 여행은 무의미하고, 한국에 빨리 돌아가서 사업을 하고 싶다고요. 지금부터 남은 여행은 앞으로 사업에 성공한 후 함께하자고 설득했습니다.

고대했던 아프리카 땅을 눈앞에 두고 일정을 변경하기 쉽지 않았지만, 조금 더 여행하고 한국으로 들어오겠다던 남자친구도 결국은 함께 귀국해 저희 비즈니스의 초기 모델인 가방 브랜드 사업을 시작하게 되었습니다. (고마워!)

무슨 계시를 받았거나 돈이 될 거라는 확신이 생겨서 시작한 사업은 아니었습니다. 오랫동안 꿈꿔왔던, 자유로운 모습으로 일하고 싶다는 꿈을 현실로 만든 사람을 실제로 보니, 저렇게 되어야만 한다는 생각이 강하게 들었어요.

그렇게 강렬한 '하고 싶은 마음'을 느낀 후, 마음을 먹은 지 불과 두 달 만에 제 마음 속에 심어 두었던 그림을 현실로 만들었습니다. 24살의 어린 나이에 어떻게 창업을 했느냐는 질문을 받으면 '마음이 그랬다'고 답할 수밖에 없어요. 너무 너무 하고 싶어서 눈앞에 닥칠 수많은 시련이 보이지 않았던 것뿐이니까요.

처음 사업을 시작했을 때부터 지금까지, '하고 싶다'는 강력한 동기가 저를 움직여 왔습니다. 하고 싶은 마음이 있어야 내가 가진 능력을 더 제대로, 더 많이 끌어낼 수 있다는 것도 배웠습니다.

하고 싶은 마음이 중요한 이유가 하나 더 있습니다. 강하게 원하고, 바라는 마음을 갖고 있을 때, 생각지 못한 멋진 일들이 일어나기 때문입니다. 운을 끌어당긴다는 표현이 조금 미신적으로 느껴지신다면, 더 많은 가능성을 발견할 수 있는 눈이 생긴다고 해두면 좋을 것 같아요.

저희가 보난자 커피를 한국에 들여오게 된 과정이 그랬습니다. 서울 연남동에서 운영하던 편집숍을 확장해 한남동으로 이전하면서, 더 많은 고객이 방문할 연결고리이자 수익원이 되어 줄 카페 비즈니스를 병행하기로 했어요. 나이도 어리고, 처음 하는 일이다 보니 시행착오가 정말 많았습니다.

한창 베를린이라는 도시가 주목받기 시작한 때였고, 적은 예산으로 다양한 문제를 해결할 방법을 찾다 베를린에서 시장 조사와 가구 구매를 한 번에 해결하기로 했습니다. 경험이 없으니 예산의 아주 큰 부분을 해외 출장으로 쓰게 되었어요. 예상과는 다르게 생각지 못했던 돈을 쓰게 되니 불안하기도 했죠. '이게 아닌데' 싶기도 했고요.

불안 속에서 보내던 어느 날이었습니다. 베를린에서 보난자 커피를 경험하고 호텔로 돌아가는 엘리베이터였는데요. "보난자 한국에 가지고 갈까?" 하는 대화가 시작됐어요. 하도 말도 안 되는 얘기를 많이 했던 시절이라 그냥 아무렇게나 던진 말이었죠.

그 대화가 계기가 되어, '정말로 해보면 어떨까!' 하고 보난자 커피에 제안할 자료를 준비하기 시작했습니다. 연락이 될 것이라는 확신도 없이 무턱대고 인테리어 모델링과 사업 계획서로 우리가 만드는 브랜드는 무엇이고, 보난자 커피는 한국에서 이런 역할을 하게 될 것이라는 자료를 만들었어요. 그렇게 보난자 커피를 한국에 들여오게 되었습니다.

도무지 마음이 놓이지 않는, 괜히 했다는 후회가 가득한 상황에서도 기회는 있었습니다. 어쩌면 기회가 아닐 수도 있었던 베를린 방문을 결국 기회로 만들어낸 것이라 생각합니다. 지금까지의 비즈니스에서 기록할 만한 큰 성과 하나는 베를린 방문을 통해 보난자 커피를 한국에 들여오게 된 것이니까요.

아무리 좋지 않은 상황이라도 시도하지 않고 가만히 있는 것보다 무엇이든 시도하는 게 낫다는 것을 배웠습니다. 어디에서든 무언가를 분명 발견할 수 있다는 것도요. 저희가 당시에 경험이 많았다면, 그래서 시장 조사를 할 생각을 하지 않았다면, 베를린에 가지 않았다면, 보난자 커피 코리아가 없었을지도 모를 일이죠.

어쩌면 인생이 그런 것 아닐까요? 어떤 상황에서도, 계속해서 의미를 찾아내는 것. 계획으로 되는 일은 아무것도 없으니, 지금 이 순간에서 가장 큰 의미를 찾아내야 하는 거죠. 그냥 흘러갈 것들을 잡아 내는 것이 일을 되게 만드는 방법이 아닐까 생각합니다. 그 과정에서 하고 싶은 마음이 힘을 발휘하는 거고요.

# 마음의 풍선을 키우는 법

하고 싶은 마음이 드는 일을 발견했더라도, 한 번도 시도해 보지 않은 일이라면 누구든 주저하게 됩니다. 마음이 곧바로 실행으로 연결되는 일은 쉽게 일어나지 않으니까요.

긍정적인 에너지가 나오는 실행은, 머리로 생각하는 것이 아니라 마음이 움직여 저절로 행동하게 되는 겁니다. 나도 모르게 이미 몸을 움직이고 있는 정도가 되어야 하죠.

주저하는 마음이 들었다면, 헷갈리는 마음을 안고 시작하지 말고, 마음이 예열되는 시간을 갖는 게 좋아요. 좀 더 정확히 표현하자면, '묵힌다'는 느낌인데요. 일단 시작해 보기 전에 이 마음이 진짜인지 알아보고, 더 강렬한 열망을 느끼도록 마음을 뜨겁게 달구는 과정입니다.

목표는 심장이 터질 것처럼 지금, 당장, 하고 싶은 마음을 만드는 것. 원하는 일에 가까운 형태를 이미 구현하고 있는 사례들이나 마음속으로 부럽다고 생각했던 사람들의 모습을 일부러 찾아봅니다. 스스로 힘을 받을 만한 '성공의 증거'들을 눈앞에 갖다 놓는 거죠. 계속해서 보면서 나도 하고 싶은, 할 수 있을 것 같은 마음을 키워나갑니다.

운영하는 유튜브 채널을 개설할 때, 이렇게 마음의 풍선을 부풀렸습니다. 좋아하는 채널들을 반복적으로 시청하며 상상했어요. '나라면, 내가 가진 환경이라면 이렇게 할 수 있겠구나' 하면서요.

매장이나 브랜드도 마찬가지예요. 좋아하는 공간과 제품, 서비스를 떠올리면서 내가 가진 능력을 발휘해서 실행한다면 어떤 모습일까 하고 머릿속에서 다른 버전을 만들어내 상상해 봅니다.

성공의 결과물이 아니라 '어떻게'를 찾아보라고 말씀드리고 싶습니다. 사례들을 살펴보고 '내 버전'을 만드는 것이죠. 이렇게 하면 잘될 수밖에 없어 하는 생각이 들도록 말이에요. 완성된 것 같아도, 마음이 들뜨다가도 문득 드는 불안한 생각이 있다면, 이 과정을 이틀, 사흘 반복합니다. 계속해서 검색하고, 찾아보면서 설레는 마음을 키워가는 거예요. 풍선을 부풀리면서 빵 터질 때까지 기다리는 과정입니다.

이렇게 빵 터지는 풍선 같은 마음으로 시작하면, 작은 난관들은 쉽게 뚫고 나갈 수 있어요. 무슨 일이든 실제로 해보면 늘 예상치 못한 변수가 있고, 난관은 반드시 올 테니까요. 강한 힘으로 나를 믿고 밀고 나갈 수 있어야 무엇이든 지속할 수 있습니다.

미처 부풀려지지 않은 마음으로 시작하면 작은 장애물에도 덜컹거리는 느낌이 듭니다. 스스로 '그것 봐, 안 되잖아' 하는 생각을 해버려요. '내가 그렇지' 하다 보면 어떤 일이든 힘을 잃게 되고요.

성공할 만한 일이나, 실패할 게 뻔한 일 같은 건 없습니다. 할 만한 일인지, 될 일인지 같은 건 생각할 필요 없어요. 무엇이든 '어떻게'가 중요합니다. 내가 어떻게 하느냐에 따라 결과가 달라지는 거죠. 결괏값은 정해진 게 아니에요. 환경은 모두가 다를 테니, 결과를 그 누구도 알 수 없습니다. 무엇보다 성공의 기준은 모두 다르잖아요.

마음의 풍선이 터질 듯한 상태가 되었다면, 터질 듯한 그 힘으로 시작해 보세요. 그리고 그 힘으로 어떤 난관이 오든 훌쩍 뛰어넘어 버리세요.

한 가지 중요한 지점이 있습니다. 좋아하는 마음, 하고 싶은 마음이 들었을 때는 이유를 꼭 찾아야 합니다. 그냥 좋은가 보다 하고 지나치면, 스스로의 고유함을 놓치고 막연하게 시작하게 돼요.

하고 싶은 마음이 들었을 때 글로 써보는 방법을 추천합니다. 어떤 것을 시작하고 싶은지, 이것을 하면 뭐가 좋은지, 무엇이 어려울 것 같은지 등을 스스로 묻고 답을 써내려가는 거죠. 그런 과정을 거치면 내가 실행하면서 닥칠 힘듦을 인지하고 있는지, 막연하게 결과물만 꿈꾸면서 하고 싶어 하는 건 아닌지, 진짜 뜨거운 마음인지 명확하게 알 수 있습니다. 마음의 '팩트 체크'라고 할 수 있겠네요.

엠티엘컴퍼니와 보난자 커피의 공동 창업자로 일하다 브랜딩 스튜디오를 만들어 독립하겠다고 생각했을 때도 고민이 컸습니다. 너무 하고 싶은 일인데 '어떻게', '왜'가 불분명했습니다. 도대체 너는 왜 그렇게 브랜딩 스튜디오를 키우고 싶은 거지? 스스로에게 물었습니다.

그 때 노트에 썼던 질문들입니다.

- 스튜디오를 통해 결국 꿈꾸는 삶은 무엇인가?
- 스튜디오를 통해 만들고 싶은 문화는 무엇인가?
- 다른 사람들이 하는 것과 다른 점은 무엇인가?
- 우리 팀원들이 이곳에 남는 이유는 무엇인가?
- 현재 이 시장에서 우리의 객관적인 포지션은 무엇인가?
- 그렇다면 되고 싶은 포지션은?
- 남들이 가지지 못한 스스로의 장점은 무엇인가?
- 그렇다면 지금 당장 시도해 볼 수 있는 것은?
- 노력을 통해 마주하고 싶은 장면은?

이 질문들을 3~4개월에 걸쳐서 서너 번 반복했습니다.
할 때마다 질문도 조금씩 바뀌고 답변도 조금씩 바뀌었
고요. 요즘도 저에게 질문하며, 저만의 답을 찾아 나가
고 있습니다.

음식점이나 카페에서 "제일 잘나가는 거 주세요" 혹은 "요즘 가장 유명한 거 주세요"라고 주문하는 장면을 종종 목격합니다. 내가 먹고 싶은 것을 생각하지 않고 왜 제일 잘 나가는 걸 찾을까? 내가 기준이 되지 않고, 이유도 모른 채 잘나간다는, 유행한다는 무언가를 선택하는 건 나의 취향을 알아볼 수 있는 기회를 놓치는 일이라는 생각이 듭니다.

남이 기준이 되어, 이유가 없는 선택을 하는 사람에게는 매력을 느끼지 못합니다. 본인만의 선택이 있고, 선택의 이유가 있는 사람이 매력적이에요. 나와는 다른, 이해할 수 없는 취향이어도요. 자기만의 기준으로 좋아하는 분야가 있고, 깊이 탐구하고 있는 사람이 정말 멋지다고 생각합니다.

나만의 기준이 생기고, 그 기준에 따라 경험해 보고 싶은 대상이 생기고, 그렇게 경험을 통해 좋은 기분을 느끼는 사이클을 만들면 삶이 더 풍요로워집니다. 그냥 유행이라고 해서 해보기보다는 나는 뭘 좋아하지? 왜 좋아하지? 묻고 그 감각을 찾아나가다 보면 점점 더 깊어지게 되고, 더 매력적인 사람이 될 수 있습니다. 나의 선택을 명확히 알고 있으니 자존감도 높아지죠. 조금은 더 단단한 사람이 되는 방법 아닐까 생각해요.

# 불만 대신 설렘을 나눈다면

"아빠, 이거 하면 안 돼요?"

"안 돼."

"이거 해도 돼요?"

"돼."

말장난처럼 느껴지실 수 있지만, 실제 유년 시절 부모님과 나눴던 대화입니다. 어렸을 때, 부모님은 부정적인 말을 하지 않도록 가르치셨어요. 습관이 될 정도로 자주, 그리고 굉장히 단호하게요. '~하면 안 돼요?' 같은 부정적인 어휘를 써서 요구하거나 질문하면 허락해 주지 않으셨고, '~해도 돼요?' 같은 긍정적인 어휘를 쓰면 바로 알았다고 말씀하셨어요.

긍정적으로 생각하고, 기대감을 갖고 말하면, 실제로 원하는 일이 벌어진다는 것, 안 될 가능성을 생각하고, 걱정하고, 두려워하면서 말하면 될 일도 안 된다는 것을 그렇게 배웠습니다.

습관이 들어서인지, 가족에게 오늘 하루 있었던 일을 이야기할 때도 늘 기분 좋은 일들을 회상하려고 노력합니다. 억지로 경험을 왜곡하거나, 과장하는 건 아니에요. 분명 불편하고 안 좋은 일들도 있었지만 그중에서 그나마 좋았던 것들을 찾아서 그걸 언어로 만들고, 입 밖에 내려고 하는 거죠. 좋은 일이든, 안 좋은 일이든 그 안에서 좋은 부분들을 찾아내고, 꼽아보면 '의미가 있는 일'이 됩니다.

의식적으로 긍정적인 이야기를 하다 보면, 그 안에서 겪는 어려움이 달리 보입니다. 어려움이 삶을 잠식하고 있는 상태가 아니라 삶의 에피소드나 일시적인 과정으로 인식되니까요. '내 인생은 힘들어, 너무 어려워, 안 좋은 일만 생겨'가 아니라 '삶에는 이런 어려움도 있었구나' 하게 됩니다. 어려움, 고통이 있어서 내가 성장하고 지금의 마음가짐을 갖게 됐구나 믿게 되기도 하고요.

긍정의 언어로 '이것도 해봤어', '저것도 해보면 어떨까?'하고 말하면 이상하게 생각하는 사람들도 있었습니다. '너도 힘들어? 나도 이렇게나 힘드니 걱정 마' 같이 하소연하는 게 예의이고, 좋은 점을 말하는 건 자랑처럼 들린다는 조언도 들었어요.

처음에는 '내가 잘못한 건가?' 생각했습니다. 떠오르지 않는데도 힘든 점을 짜내듯 찾아서 굳이 입 밖으로 꺼냈지만, 늘 대화의 마지막은 '휴, 그래도 우리 조금만 버티자'였습니다. 만남의 끝은 늘 기분이 다운된 상태였습니다. 그 자리를 벗어나면 잊어버릴 무의미한 건배사만 가득 채우고 나왔습니다.

더 불행한 사람이 이기는 게임에 참여하느니, 배제되는 게 낫다고 생각했습니다. 아무것도 나아지지 않은, 우울이 깊어지는 상황을 만들며, 왜 불행 배틀을 하고 있어야 하는지 모르겠더라고요.

때로는 위로의 순간이 필요하다는 것도 알고 있습니다. 내 아픔과 고민을 공유하면서 돈독해질 수도 있죠. 하지만 한숨으로 끝나지는 않았으면 합니다. 아픔과 고민 안에서도 다행인 점을 찾을 수 있고, 앞으로는 이렇게 해보아야겠다 다짐할 수도 있습니다.

일어난 일은 어쩔 수 없지만, 앞으로의 다짐과 시도를 얘기하면서 설레고 기대되는 마음으로 바뀔 수도 있습니다. 그 마음을 동력으로 더 멋진 일을 상상하고, 실행할 수 있어요. 내가 해낸 것, 내가 잘하는 것을 생각하고 표현할 때, 앞으로의 도전과 다짐을 표현할 때, 설레는 마음이 됩니다. 그리고 설레는 마음은 자연스럽게 내가 하는 일의 동력이 되어줍니다.

# 내 마음을 밖으로 꺼내기

모든 일의 이면에는 나의 마음이 있습니다. 잘될 때도, 잘되지 않을 때도 결국은 내 마음에 원인이 있다고 생각해요. 하지만 스스로의 마음을 잘 모를 때도 있죠. 내 마음인데도 어떤 게 진짜인지 알기 어렵고, 정말 원하는 게 맞는지, 정말 힘든 게 맞는지 헷갈릴 때가 많습니다.

마음을 들여다보는 가장 좋은 방법으로 노트 테이킹을 추천합니다. 머릿속에 든 생각을 시각화하고 손을 거쳐 내 밖으로 꺼내놓으면, 내 마음을 좀 더 객관적으로, 약간의 거리를 두고 볼 수 있거든요. 어떤 마음이 진짜이고 어떤 마음이 아닌지 좀 더 명료하게 확인할 수 있습니다.

나의 생각이 손에 잡히고 눈에 보이는, 물성이 있는 노트의 형태로 존재한다는 사실이 주는 안정감도 커요. 하루에 한 번도 펼쳐보지 않는 날이 있더라도, 나에겐 언제나 내 마음을 털어놓을, 내 마음이 정리되어 있는 공간이 있다는 믿음이 생깁니다.

개인적으로는 '노트 쓰는 사람'으로 인식되는 것에는 긍정적 효과도 있다고 생각합니다. 의도한 것은 아니었지만, 언제든 같은 모양의 노트를 들고 다니면서 수시로 메모하는 모습이 다른 사람들의 인상에 남는다는 것을 경험하고 있어요. 노트를 쓴다는 건 누군가의 이야기를 귀담아듣고, 스스로의 생각을 정리하는 시간을 가진다는 이야기와 같은 의미이기도 하니까요.

노트가 좀 더 솔직한 저의 모습을 드러낼 수 있도록 도와주는 것 같기도 합니다. 노트가 주는 명료한 인상이 있으니 유머러스하고 자유로운 모습과 균형이 맞는 느낌이라고 할까요?

노트는 컴퓨터나 스마트폰, 태블릿보다 더 효과적인 정리 방식이기도 합니다. 대화의 스피드에 가깝게 타자로 기록할 수 있는 디지털 기기는 정제 없이 많은 내용을 빠르게 담아내지만, 손으로 써야만 하는 노트 테이킹 과정에서는 그중에서 중요하다고 생각되는 것들을 추려 자기만의 방식으로 정리하게 되니까요. 많은 내용을 빠르게 손으로 받아적는 건 불가능하니, 나름의 기준으로 핵심만 뽑아 메모할 수밖에 없어요.

미팅에서 스마트 기기나 노트북을 활용하게 되면, 핵심이 무엇인지 파악하기보다 토씨 하나하나를 놓치지 않으려고 바쁘게 움직이게 됩니다. 당시의 대화 내용을 정확하게 적기 위한 기록 중심의 미팅으로 진행이 되죠. 정확한 정보 전달이 중심인 미팅의 경우에는 디지

털 기기를 사용하는 장점이 있겠지만, 대화를 통해 좋은 방향으로 발전시켜야 하는 미팅에서는 모든 내용이 기록되고 있다는 느낌을 받으면 오히려 좋은 아이디어가 나오기 힘들더라고요.

노트를 사용하는 분과 미팅할 때에는 내가 저 노트에 들어갈 만한, 저분의 손이 움직일 만한 이야기를 하고 싶다고 느끼게 되죠. 실제로 제 이야기를 받아적으시는 모습을 마주할 때의 보람과 기쁨도 있고요.

무엇보다 노트를 사용하면 상대의 얼굴을 보면서 대화할 수 있습니다. 화면을 보느라 상대의 표정이나 제스처를 놓치는 경우가 비교적 적을 테니까요.

오랫동안 노트를 사용해 오면서 만든 저만의 노트 사용법을 공유할게요. 중간에 멈추지 않고 꾸준히 노트를 사용하고, 노트를 통해 나를 더 단단하게 만드는 작은 팁입니다.

누구나 자기에게 맞는 노트 테이킹 방법이 있을 거예요. 노트를 만들고 쓸 때도 가장 중요한 건, '내 마음'입니다! 내가 하고 싶은 대로, 자주 쓰고 자주 볼 수 있도록, 하나의 선택지로 참고해 보세요.

몰스킨이나 로이텀의 A5사이즈 소프트 커버 노트, 무지를 사용합니다. A4의 절반 사이즈라, 들고 다니기에도 부담이 없고, 스케치나 아이디어를 마구 늘어놓기에 충분한 사이즈예요. 노트를 펼친 중간에 펜을 꽂아 노트를 덮고, 달려있는 고무줄로 마무리하면 펜이 없어 당황하는 경우가 없기 때문에, 펜을 함께 가지고 다니기 위한 (나름의) 전략으로 부드럽게 휘는 소프트 커버를 사용합니다.

상황상 다른 노트를 구입해야 하는 경우, 가장 중요한 기준이 되는 것은 '180도 펼쳐지는 형태'입니다. 책 형태로 제본되어 있어 옆면이 들리거나, 스프링처럼 손에 걸리는 게 있으면 편하게 자주 쓰기가 어렵더라고요.

날짜가 있는 노트나 다이어리는 쓰지 않습니다. 매일매일 일기를 쓰기 위한 도구는 아니니까요. 날짜에 맞추어 쓰지 않으면 빈 칸이나 빈 페이지가 생기고, 제대로 못 쓰고 있다는 불편한 느낌이 들더라고요. 날짜로 기록할 필요가 있는 일정은 쉽게 지우고 채울 수 있는, 디지털 도구를 활용하는 편이 좋은 것 같아요.

노트 내지는 늘 반으로 접거나, 중앙에 줄을 그어, 1/2페이지로 사용합니다. 한 페이지가 절반으로 나뉘면 생각보다 좁은 공간이 만들어지는데요. 좁은 공간은 메모하다 보면 금방 채워지거든요. 몇 자 쓰다 만 애매하게 비어 있는 노트를 보면, 뭔가 제대로 안 한 것 같고, 노트를 잘못 쓰고 있는 것 같은 느낌이 드니까요. 노트를 반으로 접으면 그런 걱정이 사라져요. 좁은 면적을 채우는 건 그렇게 어렵지 않아요. 질문 몇 개만 써도 노트 반쪽쯤은 금방 채울 수 있습니다.

여백 없이 채워진 종이를 보면서 느끼는 작은 만족감이

있습니다. 내 마음속에 이런 생각들이 가득 차 있구나, 건강한 고민을 하고 있구나 하면서요.

한 장을 가득 채운 노트의 뒷면은 연습장처럼 사용합니다. 채워진 다음 장을 기준으로, 왼쪽은 생각의 배출에 가까운 단상이나 아이디어를 시각화하거나 미팅할 때 그림으로 표현하는 데 써요. 오른쪽에는 질문과 답변이나 토막 글을 쓰는 편이에요.

노트와 대화한다고 생각하고 자유롭게 쓰는 게 중요하다고 생각해요. 정돈된 글을 쓰거나 멋진 그림을 그리려 하다 보면 아무것도 못 채우게 되더라고요. 말하듯이 머릿속의 생각을 죽 풀어내보세요. 그려도 좋고, 글이어도 좋아요.

나중에 본다는 생각은 하지 마세요! 그렇게 생각하면 미래의 나를 의식하면서 생각을 꾸미거나, 억지로 정리해 내려고 하게 됩니다. 사실 노트를 작성해도 다시는 보지 않을 가능성이 더 큽니다. 다시 봤을 때 무슨 말인지 잘 몰라도 괜찮아요.

그렇다면 노트를 왜 쓸까요? 머리속에 떠다니는 것을 손으로 적는 것만으로도 생각이 정리되고 새로운 방향이 보입니다. 생각이 단순하고 명료해져서 다른 사람들에게 말할 때 훨씬 쉽게 설득할 수 있어요. 가끔은 쓰는 도중 아이디어가 생각나거나 발전되기도 합니다. 좋은 아이디어가 떠올라, 아! 하는 소리와 함께 입가에 번지는 미소를 감추기 어려운 때도 있고요.

생각을 손으로 표현해서 종이에 잉크로 새기는 일. 그것에만 가치를 두면 노트 쓰는 일의 부담을 덜 수 있어요. 손을 움직이다 보면 자연스럽게 내 마음을, 생각을 들여다보게 되고, 그것만으로도 노트의 역할은 충분할 테니까요.

## 마음 움직이기:

나만의
일하는 법을
찾아서

# 나만의 이유

여러분은 왜 일하시나요? 저는 제가 잘하고 기쁘게 할 수 있는 일이 누군가에게는 새로운 가치가 될 수 있다는 사실이 좋아서 일합니다. 특히 누군가가 비용을 지불하면서 나와 같이 일을 하기로 결정한다는 사실이 정말 큰 효능감을 줘요.

중요하게 여기는 가치가 일로 구현된다는 것에서도 기쁨을 느낍니다. 저는 심미적 안정감, 밸런스 잡힌 아름다움에 예민한 사람입니다. 아버지는 아름다움보다 품

질과 기능을 중요하게 여기는 사람인데, 저는 늘 아버지와 반대의 것을 택했었죠. 반복되는 선택에 왜 그럴까 생각하며 주변을 유심히 보니, 다른 사람들보다 심미적인 안정감을 중요하게 여긴다는 걸 알게 됐어요. 그래서 지금 밸런스 잡힌 심미성으로 비즈니스에서 큰 역할을 하는 브랜딩과 디자인 일을 하게 된 것 같아요.

살면서 남들은 그렇지 않지만 내가 중요하다고 생각하는 것을 발견하신 적이 있나요? 거기서부터 시작하면 내가 잘할 수 있는 일을 발견할 수 있습니다. 내가 잘할 수 있는 일이 누군가에게 가치 있게 전달되는 만족감과 기쁨이 '왜 일하는가'의 답일 수 있다고 생각합니다. 일하는 이유를 나의 밖에서 찾지 말고, 내 마음 안에서 찾아보는 것이죠.

마음을 잘 모르겠다면 너무 무겁게 생각하지 않으셔도 괜찮습니다. 내가 어떤 이야기를 들을 때, 어떤 모습일 때 기분이 좋은지에서 출발하면 좋겠어요.

물론 마음이 답답하고 힘들 때가 있습니다. 대체 왜 힘든지도 모르겠고, 아무리 생각해 내려 해도 정리가 안되는 때가 있죠. 그럴 때 마음 깊은 곳을 들여다보면, '불안'이 있더라고요. 뭐가 불안한지는 모르겠는데, 그렇지 않아 보이는 누군가가 마냥 부럽고, 나 자신은 불안하게 느껴지는 거예요. 다른 사람들은 다 저렇게 행복한데, 혹은 다른 사람들은 다 저렇게 고생하는데, 나는 안 그렇구나, 왜 이럴까 하다 보면 더 불안해지고 더힘들어집니다.

불안은 '평균'을 의식할 때 더 깊이 찾아왔습니다. 내가 누군가보다 일을 잘 못해내고 있는 것은 아닐까, 다른 사람은 행복해 보이는데 왜 나한테만 이런 일이 일어나는 걸까 하는 생각이 들 때 더 불안해지더라고요. 그런데 굳이 정상이 되려 하지 않으면, 아니, 정상이 무엇인지 찾으려 하지 않으면 불안할 필요가 없는 것은 아닐까 생각해 보았습니다.

일하는 이유를 내 마음에서 찾아야 하듯, 힘들 때의 기준도 내 마음에서 나와야 합니다. 세상의 기준이 되려고 하지 말고, 세상의 기준에 맞추려고도 하지 말고요. '남들보다 더 힘들어? 남들은 다 참아, 너만 이럴래?' 같은 질문은 스스로에게 던지지 않아야 합니다.

세상의 기준에 맞추려는 일은 결코 이길 수 없는 싸움입니다. 사실 세상의 기준이라는 게 존재하는 것 같지도 않지만요. 그런데도 우리는 20대는 원래 치열해야 해, 결혼한 여자는 원래 이렇게 힘든 거야, 직장인 3년 차라면 이 정도는 해야지 같은 생각으로 기준을 세우고 우리를 기준에 맞추려고 하죠.

불안에서 벗어나고 싶을 때는, 주어를 '나'로 바꾸고, '왜'를 적어보세요. '다른 사람들도 다 힘들어'가 아니라, '나 지금 너무 힘들어, 왜 힘들지?'로 질문을 바꿔 노트에 적어보는 거죠. 막연하더라도 내 생각을 무작정 써 내려갑니다.

다시 읽을 생각으로 적는 것이 아니라, 그냥 지금 뭐가 불편한지를 쏟아내듯 다 적어보는 게 중요해요. 불안에 이유가 없는 것 같았지만 하나씩 써내려가다 보면 분명 불안의 근원이 발견됩니다.

불안의 근원을 알아냈다면 그다음에는 해결책을 적습니다. 지금의 불편함을 해소할 수 있는 방법들을 써보는 거죠. 누군가가 해줘야 하는 일이 아닌, 내가 당장 움직여 실행할 수 있는 일이어야 합니다. 실천할 수 있는 해결책을 써놓는 것만으로도 많은 것들이 해결된 느낌이 듭니다. 만약 해결할 수 없는 문제였다면, 내가 고민하고 힘들어해도 바뀌지 않을 테니 시원하게 놓아주고요!

자문자답에 익숙해지면, 문제를 빠르게 파악하고, 불안에서 빨리 빠져나올 수 있습니다. 내 이야기를 편안하게 들어줄 상대를 찾고, 하소연하고, 원하지 않는 대답을 들으며 시간을 허비하기보다는 눈앞에 보이는 카페로 들어가 에어팟을 끼고, 문제와 해결 방법을 주르륵

써내려가 보세요. 어느새 문제는 문제가 아니게 되고, 내 고민을 그 누구보다 잘 들어줄 나라는 좋은 친구와 친해져 있을 거예요.

문제를 알면 해법이 보이고, 해법이 보이면 편안해집니다. 스스로를 빠르게 안정 상태로 끌어올 수 있는 도구를 가지고 있으면 불안을 마주해도 문제에 매몰되지 않을 수 있어요.

# 반드시 그래야 하는 건 없다

요즘은 브랜딩 에이전시 스튜디오 Apt를 이끄는 일에 집중하고 있어요. 저희는 회사이고, 돈을 벌어야 하는 팀입니다. 모두 그렇듯 출퇴근과 나인 투 식스(9~6시까지의 근무 시간) 기준의 연봉 협상이 너무 당연한 프로세스로 받아들여지는 조직이었습니다.

하지만 매일 아침 똑같은 시간에 출근하고, 자리를 지키고 앉아있는 상황이 너무 싫었습니다. 제가 생각하는 이상적인 삶은 시간을 스스로 조율할 수 있는 삶이었거든요. 저도 출근하기 싫은데, 함께 일하는 직원들은 오죽할까요.

적막한 분위기 속 울리는 타자기 소리와 함께 계속 앉아서만 일하는 게 괴로웠어요. 저는 오랫동안 앉아 있는 게 힘든 사람이거든요. 가끔은 동료들과 커피 한 잔 마시러 나가서 일 이외에 힘든 점은 없는지, 요즘은 어떤 관심사가 화두인지 이야기를 나눠보고 싶지만, 현실의 저는 모니터 너머 팀원들을 힐끔 바라보면서 일을 잘하고 있나 감시하고 있었습니다.

혹시 창업을 해보지 않은 분들이 이 글을 읽는다면, '거 사람이 알아서 열심히 일할 텐데 의심이나 하고 너무한 거 아니냐!' 하실 수도 있겠지만, 당장 이번 달 나가야 할 월급과 월세를 계산한 숫자들을 보고 계신다면, 여러분들도 저와 크게 다르지 않을 거예요.

이 불편한 상황에서 벗어나고 싶어서, 원하는 시간에

자유롭게 커피도 마시고, 즐겁게 대화도 나누면서 일하려면 어떻게 해야 할까 고민했습니다. 원하는 건 분명했습니다. 가장 효율적인 상황과 시간에 일하고 싶다. 그러면서도 회사로서 성과를 내고 이익을 창출하고 싶다. 그리고 나인 투 식스일 때보다 더 높은 퀄리티의 결과물을 만들고 싶다.

우리는 취미 동아리가 아니라 이익을 창출해야 하는 집단이니, 재미를 위해 일을 줄이거나 대충 마무리하고 시간을 내서 노는 건 당연히 옵션이 될 수 없었죠. 결론은 정해진 업무 시간을 없애고, 일하는 만큼 이익을 가져간다는 거였어요.

출퇴근 시간이 정해져 있다면 쉬는 만큼 일을 할 수 없고, 결론적으로는 즐거운 문화일수록 회사에는 손해가 가는 시스템이 되니까요. 고민 끝에 출퇴근과 불필요한 커뮤니케이션에 쓰이는 시간을 제거하고 자율 근무를 하는 방안을 택했습니다.

처음엔 일주일에 한 번 전원 출근하기로 했습니다. 그런데 내부 정보 공유, 클라이언트와의 미팅 등의 일정이 생기면서 결국은 일주일에 서너 번 보게 되더라고요. 제도는 만들었지만 이동하는 동안 시간을 허비하느라 우리가 원했던 효율성은 구현되지 않았습니다.

'새롭게 만들어진 규칙은 더 나은 상황을 위해서 언제든 또 다시 변경될 수 있다'는 기조로 다시 한번 규칙을 조율했습니다. 2주에 한 번 출근으로 변경했어요. 변화는 빠르게 적용하고 점검은 확실하게 진행하기 위해 팀미팅마다 변경된 규칙이 우리에게 적합한지 점검할 수 있는 질문들을 던졌습니다. 불편해하는 사람이 있다면, 그 불편을 해소하기 위한 해법을 다 함께 논의하는 자리를 만들었고요.

불평만으로 시작되는 대화는 금지했습니다. 불편에 대한 솔루션을 가져오거나, 함께 논의할 자세가 되었을 때 대화를 시작했습니다. 누군가가 피해를 입는다면,

지속적으로 불편함이 해소되지 않는다면, 업무상의 불편함이 더 커진다면, 다시 정해진 기존의 규칙으로 돌아가기로 했습니다. 잘못되더라도 원래대로 돌아가는 것뿐이라는 생각으로 시도하고, 수정하고, 다시 시도하면서 지금의 규칙들이 만들어졌습니다.

2주에 한 번 출근하는 날은 Apt가 지금보다 더 나은 버전의 회사가 될 수 있는 방법을 놓고 의견을 나누는 시간으로 대부분을 보냅니다. 대표자 혼자 고민하고 팀원들을 이끌어가는 방식이 아니라, 모두가 고민의 주체가 되는 방식으로요. 대표자가 앞서 가며 뒤에 있는 팀원을 힘겹게 끌어 가는 것이 아니라, 다같이 의견을 모아 한 발짝을 성큼 내딛는 방식으로 말이죠.

급여 구조도 바꿨습니다. 잘 생각해 보면, 대표자인 저를 제외한 구성원들에게는 일하는 시간을 줄이는 게 이익일 수밖에 없는 구조잖아요. 월급이 고정된 거라면, 일하는 시간을 줄이거나 일하는 양을 줄이는 게 개인의 이익으로만 바라보았을 때는 더 나은 선택인 거니까요.

그래서 프로젝트별로 각자의 역할과 만들어내야 하는 결과물을 정리하고 이익을 나누는 급여 제도를 도입했어요. 구성원들은 팀에 소속되어 있지만 출퇴근 없이 자유롭게 원하는 시간에 원하는 만큼 일할 수 있고, 약속한 내부 공유 일자에 맞추어 완성도 높은 결과물을 가지고 와야 합니다. 1개의 프로젝트당 2인 이상이 참여해야만 하는 협업 제도이기 때문에, 누군가 완성도가 떨어지는 결과물을 가져온다면 다음 프로젝트에는 그 사람과 함께 일하고 싶어하는 팀원이 없을 거예요.

지난달에 일을 많이 하고 높은 급여를 받았다면, 이번 달에는 조금만 일하겠다고 협의할 수 있는 여지도 있어요. 2주에 한 번 진행되는 팀 미팅에서는, 그간의 문제점들을 점검하고 더 나은 상황으로 나아가기 위해 함께 고민합니다.

물론 전제 조건은 일을 제대로 해낼 수 있는 프로여야 한다는 것, 그리고 본인의 입장만을 고수하지 않고 상대의 상황을 고려할 줄 아는 유연한 태도를 가진 사람이어야 한다는 점입니다. 일을 배우는 단계이거나, 변화에 익숙하지 않은 사람이라면 이런 업무 방식은 적합하지 않을 거예요.

출근하기 싫은 마음, 일을 대하는 입장의 차이, 열심히 노력해도 바뀌지 않는 개인의 이익.

어쩌면 사회에서 당연하게 여겼던 것들에 질문을 던졌더니 새로운 방식이 시작되었습니다. 불변이라 생각했었던 것들이 변했습니다. 서로 다른 입장에서 깊이 고민하고, 상대의 마음을 움직일 수 있는 시스템을 만든다면 충분히 해결할 수 있더라고요.

회사에 가기 싫다는 이야기를 유머로 소비하는 콘텐츠들이 SNS에서 자주 보입니다. 그렇게 스트레스를 풀려는 마음도 이해가 됩니다. 하지만 유머로 소비만 될 뿐, 본질적인 문제는 해결되지 않을 거예요.

어쩌면 앞서 얘기했던 불행 배틀과 다르지 않은 거라고 생각합니다. 지금이 불편하다면, 나는 뭐가 불편한 건지, 어떤 상황을 꿈꾸고 있는 건지, 그리고 내가 할 수 있는 것은 무엇인지 한번 고민해 보고, 텍스트로 정리해 보세요.

가장 좋은 '워라밸'이란 이런 거라고 생각해요. 오늘 하루를 진짜 즐겁게 보냈는데, 사실은 정말 많은 일을 해냈을 때. '회사는 무조건 탈출해야 하는 곳이다. 취미를 위해 일하는 시간을 참는 것이다. 일이 아닌 취미 생활을 하는 내가 진짜다.' 이런 생각으로 일과 회사를 도구로만 삼는 것은 어쩌면 스스로 불행한 인생으로 걸어가는 것이 아닐까 생각합니다.

도덕적으로 문제 있는 생각은 아니지만, 자기 삶을 위

해서 좋지 않다고 생각합니다. 사람이 살면서 일을 하는 시간이 얼마나 될까요? 못해도 우리 삶의 3분의 1을 점하고 있을 텐데, 일하는 것이 그 외의 시간을 위해 희생하는 시간이라면 얼마나 불행한가요? 흔히 말하는 '워라밸'이 좋아서 '칼퇴'한 후 취미 생활을 하거나 쉴 수 있다고 해도, 일하는 동안은 고역이잖아요. 밸런스 잡힌 삶이라고 보기는 어려울 겁니다.

일에서 기쁨을 찾고 나면, 행복의 기준이 달라집니다. 찰나의 기쁨이 아니라 오랫동안 유지되는 충만함 같은 거죠. 삶의 큰 행복 중 하나인 효용감을 마음 깊이 느끼게 될 테니까요. 나의 필요성이 누군가에게 긍정적으로 작용하고 있다는 느낌 말이에요.

내가 해내는 일이 회사의 이익을 만들어가고 있다는 느낌은 나로 인해 사랑하는 사람이 행복해질 때의 만족감과 비슷합니다. 인간 관계는 혼자서 컨트롤할 수 없는 것들이 많지만, 일만큼은 내가 마음먹고 노력하기에 달렸습니다. 일을 열심히 하는 것으로 내가 갈려나간다고 느끼는 게 아니라, 회사에 없어서는 안 되는 존재가 된다는 효용감을 느끼는 거죠.

계속해서 나타나는 문제를 해결해 나가며 내 능력과 효용감을 키워가는 것. 일에서만 올 수 있는 진정한 행복이라고 생각합니다. 일로 받은 스트레스를 맛있는 음식을 먹고, 쇼핑하고, 불행 배틀을 하면서 풀지 마세요. 시간을 낭비하는 겁니다. 일하고 있는 순간도 소중한 내 삶의 일부입니다. 풍요로운 삶이란 조건부로 정해져 있는 것이 아니라, 그 어떤 순간이든, 순간의 의미를 찾고 감탄하는 것으로만 가능합니다. 그 풍요로움에서 비로소 여유와 편안을 누릴 수 있습니다.

# 누구도 탓하지 않는 마음

중학교 졸업 이후, 미국으로 혼자 유학을 떠났습니다. 부모님께 유학을 가야 하는 이유를 프레젠테이션하고, 설득해서 떠난 길이었어요. 어렸을 때부터 손으로 만드는 걸 좋아했고, 끊임없이 무언가를 그리거나, 만들어 내고는 했습니다. 그런데 한국 교육에서는 정해진 방식으로 만들어내야만 성적으로 인정해 주더라고요. 어린 나이에도 에고가 강했던 저는 옳지 않다고 생각되는 과정에 적응하기보다는 내가 옳을 수도 있는 환경으로 가고 싶었습니다.

17살, 혼자 미국에 도착한 후로는 모든 걸 스스로 결정해야 했습니다. 어린 나를 대신해서 옳은 선택을 해주는 사람은 없었습니다. 스스로 내린 결정에 확신이 없을 때도 있었죠. 하지만 책임은 온전히 나의 몫이었어요. 그 과정에서 언제나 깊이 고민하고 최선을 선택해 결정한 후, 결과를 지켜보는 재미를 깨닫게 되었습니다. 내가 내린 결정으로 긍정적인 결과들을 만들어가며 자기 확신을 쌓을 수 있는 계기가 되었죠.

최선으로 생각했던 선택이 독이 된 적도 있지만, 그것을 계기로 실행력과 책임을 배웠습니다. 내가 놓친 부분은 무엇이었는지 사고하고, 고민하는 과정이었어요. 누군가에게 물어보고 실행해서 실패의 결과를 남의 책임으로 돌리는 사람이 아니라, 내 기준으로 판단해서 실행하고 그 결과에 책임지는 사람으로 자랄 수 있었습니다.

인생에서 가장 큰 자기 확신을 가질 수 있었던 경험이

있습니다. 미국 대학교 입학을 위해 스스로 내린 결정에 관한 이야기입니다. 당시에 미국 대학 입학 시험인 SAT 점수는 2400점이 만점이었습니다. 2200~2300점 정도면 아이비리그를 가는 점수였고, 유학생 친구들은 1800~2300점 수준이었어요. 다들 유학으로 미국에 온 만큼 최선을 다해 높은 점수를 내고 있었습니다. 한국 수능 시스템과 달리, 보통 3~5번 정도의 SAT 시험을 보고, 가장 높은 점수를 선택해서 지원하는 방식이었습니다. (물론 시험 기록은 남아, 시기에 따른 점진적인 점수 성장이 미미한 점수들 사이 하나의 높은 점수보다 더 좋은 결과로 평가됩니다.)

유학을 떠나던 시기부터 디자인 전공을 확정했기 때문에 모든 친구들이 방학 동안 밤낮으로 유학원에서 SAT를 준비하는 동안, 열심히 그림을 그렸습니다. 애초부터 SAT 공부를 하지 않아 점수가 낮을 줄은 알았지만, 처음 본 SAT 점수는 500점이었습니다. 지금 와서 아무리 열심히 노력해 봤자 기적적으로 오르지 않을 것임을 직감했죠. 1600점은 넘어야 미대에 갈 수 있다는 게 일반적으로 알려진 기준인지라, 카운셀러 선생님도, 주변 친구들도 적어도 3번은 시험을 보고 가장 높은 점수로 지원하라고 권했죠.

제한된 시간과 에너지를 놓고 선택과 집중을 하기로 했습니다. 미국에서 대학에 지원할 때에는 SAT 점수, GPA(학점 평균), 에세이, 대외 활동, 선생님들의 추천서, 미대인 경우 포트폴리오까지 여러 가지 준비해야 할 항목이 있는데요. 저는 잘할 수 있고, 잘해야만 하는 것인 포트폴리오와 에세이에 집중하기로 했어요. 다행히 GPA는 4.0 만점에, 3.5 정도로 꽤 괜찮은 성적을 유지하고 있었고, 이미 많은 미술 과목을 통해 그림 실력을 입증했으니 선생님들의 추천서도 걱정하지 않아도 괜찮았습니다.

지원할 수 있는 학교 수의 제한은 없어요. 다만 학교마다 요구하는 에세이 주제가 달라, 학교별 주제에 맞는 에세이를 직접 써서 내야 합니다. 무턱대고 많은 학교에 지원하기 어려운 구조예요. 대부분의 학생들은 가고 싶은 학교가 확실하다면 5개, 많다면 10개까지 지원을 하는 것이 일반적이었죠.

저는 원하는 학교 한 곳에만 지원서를 냈습니다. 어차피 여기가 아니라 차선의 대학에 붙는다면, 가지 않고 재수를 하리라 결심했거든요. (사실 재수를 하기 어려운 시스템이지만요). 가고 싶지도 않은 학교의 에세이를 쓰며 시간을 낭비하느니, 가고 싶은 학교에 남은 시간과 에너지를 모두 투자해 최선을 다하기로 했습니다. 물론 주변의 걱정과 성화는 말도 못할 정도였어요.

나에 대해 써보라는 에세이 주제에는 어릴 때 경험을 바탕으로 스스로에 대한 확신과 포부를 상세히 담았습니다. 스스로 유학을 선택한 이야기, 원하는 일에는 누구보다 깊게 몰입하고 빠르게 실행하는 사람이라는 것, 이 학교의 훌륭한 커리큘럼과 내 기질이 만나면 나는 분명히 학교를 빛낼 수 있다는 호언장담의 내용을 썼습니다.

모두들 걱정스러운 눈빛으로 저를 바라볼 때, 당당히 합격 편지를 꺼내 들었습니다. 턱도 없다고 평가받았던 SAT 점수로 원하는 대학에 합격한 것이죠. 심지어 장학금까지 받았어요. 백인 중심의 학교에서 국제 학생에게 잘 주어지지 않는 기회가 저에게 온 거예요.

이 모든 경험과 결과가 저에게는 정말 큰 성취이자 자기 증명이었습니다. 세상이 정한 기준이 아니라, 스스로 기획하고 설계하고 판단한 결과에 따라 행동했을 때도 결과를 만들어낼 수 있다는 걸 입증한 경험이었거든요.

스스로 판단하는 일은 늘 어렵습니다. 결과는 스스로 책임져야 하니까요. 세상의 기준에 맞추는 건 어쩌면 결과에 따른 책임을 세상에 돌리려는 회피인지도 몰라요. 잘못되었을 때 '이렇게 하라고 했잖아' 하고 탓할 수 있는 대상이 있는 셈이니까요.

만약 원하는 대학에 합격하지 못했더라도, 스스로 한 선택에서 문제를 발견하고 수정하면서 배워나갔을 거예요. 그 누구도 탓하지 않고, 다음 도전을 준비할 수 있는 마음가짐을 갖게 되었으니까요.

저의 인생에 큰 울림을 주었던 책 『여덟 단어』에서 저자 박웅현은 이렇게 말합니다.

"인생에 정답은 없다. 선택을 했다면 이것을 옳은 것으로 증명하는 일만 남는다."

어쩌면 우리의 모든 선택들은 이미 정답일 겁니다. 우리는 기필코 그렇게 만들 거니까요. 그렇게 생각하면 새로운 도전과 당장의 선택이 너무 어렵지만은 않습니다. 선택 자체가 결과로 직결되는 것이 아니라, 선택 이후에 마주치는 모든 문제들을 어떻게 대하느냐에 따라 결과가 만들어질 수 있으니까요.

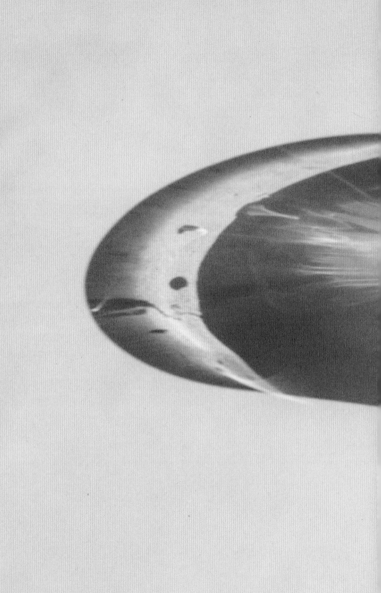

# 될 때까지 하는 것이 성공

2016년 11월의 어느 날, 잔뜩 긴장한 채로 하루를 시작했습니다. 그날의 긴장이 지금도 잊히지 않아요. 독일 베를린의 3대 로스터리로 꼽히는 보난자 커피까지 들여오면서 저희가 가진 모든 것을 쏟아부은 매장, mtl 한남이 문을 연 날입니다.

긴장이 설렘으로 바뀌는 데에는 오랜 시간이 걸리지 않았습니다. 문을 열고 불과 1시간도 지나지 않아 매장은 북적였습니다. 단순히 사람이 많고, 매출이 많은 것만이 아니었어요. 그 많은 사람들의 표정이 모두 뿌듯해 보였습니다. 지금의 저희가 '문화적 만족감'이라는 용어로 설명하고 있는, 그 느낌을 고객들이 온몸으로 표현하고 있었습니다.

혼자서 조심히 뜯어보며 만끽하고 싶은 문구 제품을 구매할 때, 좋은 책을 발견하고 마음이 몽글몽글 피어오르는 순간, 쏟아지는 햇살을 온몸으로 받으며 좋은 음악과 함께 커피를 한 모금 마시는 모든 장면들 속에서요.

이 순간이, 성공을 '감각'했던 순간입니다. 성공의 근거는 매출액이나 방문객 수 같은 지표가 아니었습니다. 매장을 찾은 사람들의 표정에서 보이고, 느껴졌거든요. 우리의 공간에 앉아 있는 고객들이 mtl과 보난자라는 브랜드를 소비하는 것을 자랑스럽게, 멋지게 여기고 있다는 걸 알 수 있었습니다.

가장 놀라웠던 건 고객분들이 저희에게 하는 질문이었

어요. "이건 왜 이래? 저건 왜 저런 거야?"가 아니라, "이렇게 할 수 있을까요?", "이렇게 해도 괜찮을까요?"라고, 이 공간의 규칙은 무엇인지 물어주셨거든요. 저희가 만든 공간에서 모두가 쾌적할 수 있는 새로운 기준이 생기고 있고, 오신 분들이 기준을 지켜주려 노력하고 있구나 생각하면서 기뻤습니다.

불편하지 않은 시선의 쾌적하고 편안한 공간. 저희의 목표였습니다. 여행 갔을 때, 좋은 공간을 발견하면 이런 생각이 듭니다. '이 동네 사람들 진짜 좋겠다, 이런 공간이 우리 동네에 있어서 내 삶에 녹아 있으면 좋겠다.' mtl이 그런 느낌을 주는 공간이 되었으면 했어요. 그렇게 우리가 생각한 대로 작동한다는 것, 기대보다 잘된다는 것이 무엇인지 처음 알게 되었죠.

지금의 mtl과 보난자 커피의 성장을 보면서 저희가 걸어온 길을 멋지게 평가해 주시는 분들도 계시지만, 실제로는 수많은 실패와 어려움이 이어진 과정이었습니다. 가방 브랜드를 론칭하고, 편집숍을 운영하고, 브랜딩 스튜디오를 론칭하는 10여 년의 기간은 버티고 버틴 결과에 가깝다고 생각합니다.

비즈니스를 할 때 흔히 '문제 해결'이라는 말을 많이 합니다. 고객의 문제를 정의하고 그것을 해결한다는 스타트업 창업의 동기도 많이 알려져 있고요. 하지만 저는 조금 달랐던 것 같아요. 문제를 정의하고 해결하는 그럴싸한 과정은 분명 아니었습니다. 오히려 잘될 거라는 희망만 갖고 시도했다가 아니라는 걸 깨닫고 또 다시 시도하는, 부딪히고 깨지면서 죽을 힘을 다해 한 걸음씩 움직여나갔던 과정이었습니다.

처음 가방 브랜드를 론칭하고, 편집숍들에 입점했을 때는 우리 가방이 돋보이지 않는 것 같아 아쉬웠습니다. 당시에는 큐레이션이라는 개념이 별로 없어서 편집숍의 역할이 상품의 판매를 대행해 주는 정도였거든요. 우리가 좋아하는 스타일의 제품들을 모아서 큐레이션을 하면 우리 가방이 더 돋보일 거라고 생각하게 됐습니다. 그렇게 미니멀한 콘셉트를 정하고 만든 연남동 편집숍이 mtl의 출발이 된 모어댄레스였습니다.

편집숍의 수익 구조가 좋지 않다는 건 해보고 알았습니다. 수수료율이 낮아서 남는 게 거의 없었습니다. 실컷 팔았다고 생각해도 순이익이 하루에 10만 원도 안 되는 날이 많았어요. 단골도 생기고 미디어에 소개도 되고 많이 알려졌는데도 이익이 적었습니다. 월세를 내고 나면 남는 게 많지 않아, 몇 개월을 모아야 사입을 할 수 있었습니다. 생활비 외에는 수익이라고 할 만한 게 없는 수준이었죠. 그래서 사람들이 편집숍에 더 쉽게 들어올 수 있도록 문턱을 낮추고, 수익성을 높이는 차원에서 커피를 시작하게 되었습니다.

처음엔 mtl이라는 브랜드로 카페를 내려고 했습니다. 우리 브랜드를 알리는 것이 중요하다고 생각했거든요. 그런데 우리만의 오리지널리티를 보여주려면, 고객이 수많은 커피 중에서 우리의 커피를 선택해야 하는 이유를 만들려면, 전문성이 필요하다는 걸 깨달았습니다. 베를린 보난자 커피의 전문성으로 승부를 하자고 결정했습니다. 모어댄레스를 리브랜딩해서 mtl이라는 복합문화 공간을 만들고 보난자 커피 코리아를 창업한 과정입니다.

그때도 헛된 희망을 품고 있었습니다. 커피를 내고 나면, 지금처럼 고생하지 않아도 된다고 생각했거든요. 경험해 보지 않았으니 얼마나 힘들고 어려울지 몰랐던 거죠. 막상 꿈꿔왔던 위치에 도달해 보면, 아래에서 올려다볼 때는 생각하지 못했던 새로운 문제가 나타납니다. 유토피아는 없는 것인데, 유토피아를 바라면서 걸어온 것 같아요.

철이 없었다고 생각하지는 않습니다. 오히려 몰랐기 때문에, 유토피아를 꿈꿨기 때문에 여기까지 올 수 있었다고 생각합니다. 헛된 희망이라도 갖고 앞으로 나아가는 게, 절망만 하면서 아무것도 안 하는 것보다 훨씬 더 멋지니까요.

결국은 될 때까지 하는 게 성공 아닐까요? 자금이든, 건강이든, 정신적인 여력이든 무언가가 바닥나서 더 이상 지속할 수 없을 때가 실패인 거겠죠. 계속해서 잘되려면 어떻게 해야 할지 고민해서 찾아내고, 변화해 나가고 있다면 언젠가는 성공으로 드러날 수 있습니다. 각자의 시기가 다를 뿐.

물론 실패라고 느껴지는 순간, 힘든 시기를 뚫고 나가고 있는 순간도 많았습니다. 그럴 때는 혼자서 삭이지 않는 것이 좋습니다. 누군가에게 어려움을 공유하고, 도움을 요청하는 방법을 다듬어 나갈 필요가 있어요.

도움을 요청하는 대상이 무엇보다 중요합니다. 친구나 지인이 아니라 비슷한 일을 먼저 시작한 선배들에게 묻는 것을 추천합니다. 내가 하고 있는 경험을 해보지 않은 사람들에게는 물어도 도움이 안 된다는 걸 알게 되었거든요. 20대 초반에 일찍 사업을 시작하다 보니, 다른 사람들에게 의지하고 싶은 마음이 생겨 조언을 많이 구했지만 제 상황을 모르는 사람들의 말은 도움이 되지 않았습니다. 이미 시도해 보았던 것을 새로운 방법인 것처럼 얘기하거나, 실제로는 시도가 불가능한 조언들을 늘어놓고는 저를 무능한 사람으로 느껴지게 만들 뿐이었죠.

또 하나 중요한 건, 내가 어떤 상태인지 파악하는 것입니다. 내가 어디까지 알고 있는지, 무엇을 알고 싶은지 분명히 하고 상대에게 할 질문을 정해야 합니다. 단순히 '나 지금 힘들어'가 아니라 문제로 느껴지는 상황을 객관적으로 구체적으로 설명할 줄 알아야, 실질적인 답을 얻을 수 있어요.

문제인 상황에서도 힘들지 않은 척, 실패하지 않은 척하면 언제나 그 자리에만 머물러 있게 됩니다. 부끄러워하지 말고 먼저 시작한 분들에게 물어보세요. 너는, 선배는, 엄마는, 아빠는, 언니는 이 연차에는 뭘 했어? 이 시기에 가장 힘들었던 건 뭐야?

나를 아끼는 사람이라면 무엇이라도 하나 더 내주고 싶어 본인의 경험을 나눠줍니다. 나의 문제와 상황에 딱 맞는 답을 주지는 못하겠지만, 힘들었던 경험을 공유 받는 것만으로도, 누구나 힘듦을 뚫고 앞으로 나아간다는 것을 느끼는 것만으로도 많은 것들이 해결되는 느낌을 받을 수 있어요.

# 목표보다 질문

사실 저에게는 원대한 목표가 없습니다. 돈을 많이 벌거나 회사 규모를 키우는 것과 같은 큰 목표를 세우며 비즈니스를 하지는 않습니다. 목표를 세워놓고 달려가다가도, 그 목표가 달성되었을 때 모습을 상상해 보면 생각이 달라졌어요. 행복해 보이기보다는 너무 큰 책임과 업무에 짓눌려 일상이 무너지는 모습이 상상되더라고요.

사업을 하다 보면 가까운 지인으로부터든, 매체의 인터

뷰를 통해서든 목표에 관한 질문을 받게 되는 경우가 종종 있습니다. 그러다 보니 가끔은 스스로가 열정이 충분하지 않은 부족한 사람처럼 느껴지기도 했습니다.

그럴 때, 우연히 영상을 하나 보게 됐습니다. 하이브 의장인 방시혁 님의 서울대 졸업 연설이었어요. 방시혁 님은 보잘것없었던 자신이 성공하게 된 것은, 수많은 아이돌 그룹 중 BTS가 큰 사랑을 받게 된 것은, 원대한 목표를 세워서가 아니라고 말했습니다. 그저 불만이 많았고, 불편한 게 많아서, 그 불만과 불편을 기존에 없던 방법으로 해결하려다 보니 여기까지 온 것이라고요.

'사람들이 아이돌을 왜 아티스트로 취급하지 않을까?'
'아이돌을 좋아하는 사람들을 왜 '빠순이'라고 하면서 무시할까?'

대중 음악을 하며 그런 것들이 늘 불만이었다는 거예

요. 그걸 바꿔봐야지 하며 시도했던 것들이 현재 세계적으로 가장 큰 영향력을 가진 아이돌 그룹으로 이어졌다는 겁니다.

제가 원하는 사업 방식과 가까운 이야기였습니다. 눈앞에 닥친 문제를 관성적으로 대하지 않고, 어떻게 하면 더 나은 상황이 될 수 있을까 고민하며 새로운 관점으로 바라보고, 시도를 통해 내 주변의 문제를 하나씩 해결해 나가는 것.

모두가 당연하게 여기는 나인 투 식스에 맞춘 출퇴근이 싫다면, 대체 왜 싫을까 골똘히 생각해보고, 재택으로 변환할 때 내가 마주하게 될 문제는 무엇인지, 팀원들의 입장에서 불편한 것은 무엇인지, 대표자로서 불편한 것은 무엇인지를 생각해 본 것처럼요. 모든 것들을 '원래 이런 거야'라고 관성적으로 생각하지 않으려 했고요. '왜 이렇게 해야 하지?'라고 되물어보고, 바꿀 수 있는 부분은 무엇인지, 그 과정에서 발견된 문제점과 보완된 해결책은 무엇인지 고민해 왔습니다.

원대한 목표를 세우지 않아도 괜찮습니다. 일상에서 문제를 발견하고 해결해 나가고 있다는 점에서 저 역시 앞으로 나아가고, 성장하고 있다고 생각합니다. 대단한 목표보다는, 문제의 발견과 해결이 저를 움직이는 동력이었던 거죠.

물론 정해둔 목표를 향해 달려 나가는 것이 더 편안한 사람들도 있습니다. mtl컴퍼니의 공동 창업자인 남편도 그런 사람이고요. 그 덕분에 mtl, 보난자 커피가 누구보다 멋지게 성장하고 있다는 것도 잘 알고 있습니다.

다만 큰 목표를 세우는 게 불편하거나 힘든 유형의 사람도 있습니다. 그렇다면 굳이 타인의 기준에 맞춰서 억지로 목표를 만들어낼 필요는 없다고 말하고 싶습니다. 저역시 오랫동안 내 삶의 뚜렷한 목표를 찾고 싶어 했어요. 오랫동안 고민도 했습니다. 그러나 저는 목표 달성보다는 눈앞의 불편함과 문제 해결에 집중하는 사람이었습니다. 목표가 있어야 하는 사람이 아니었던 거죠.

만약 목표를 통한 동기 부여가 잘 안 된다면, 목표가 없어 방황하고 계시다면, 눈앞의 불편을 찾아보세요. 불만, 불평을 늘어놓는 부정적인 태도를 말하는 것이 아닙니다. 문제와 불편의 해결책을 고민해 더 나은 상황을 제안하는 사람이 되어보자는 것이죠.

이건 왜 이렇게 되어 있지? 만약 이렇게 바꾸면 누군가가 더 불편해질까? 그럼 이렇게 바꾸면 모두가 덜 불편해질까? 생각하다 보면 타인에 대한 배려와 인사이트가 저절로 길러집니다. 내 입장에서의 불편함만 이야기하는 것이 아니라, 상대는 어떨지 깊게 고민해서 그 과정과 함께 제안한다면 회사에서도, 친구들 사이에서도, 가족들과도 건강한 문화를 만들 수 있습니다. 그렇게 조금씩 바꿔나가다 보면, 내 주변은 점점 더 쾌적해집니다.

브랜딩 스튜디오 Apt는 프로젝트 단위의 프리랜서 전문가 그룹이라고 할 수 있습니다. 저희 팀원들은 일반적으로 생각하시는 정규직, 계약직으로 고용된 분들은 아니에요. 언제든 자유롭게 다른 일을 택할 수 있는 프리랜서입니다. 반대로 생각하면 스스로의 의지로 Apt와 함께 일하기를 선택한 분들이에요.

"팀원들이 언제든 떠날 수 있는 것 아니에요?", "회사가 언제든 팀원들을 자를 수 있다는 것 아닌가요?"

가끔 이런 질문을 받을 때 이렇게 답합니다. "오히려 잘리지 않는, 그만둔다는 개념이 없는 나의 자리가 있는 것"이라고요.

계약이라는 시작이 없으니 끝도 없습니다. 저희 팀은 프로젝트 단위로 일을 하면서, 빠지고 싶을 때는 빠지고 참여하고 싶을 때는 다시 돌아와서 일할 수 있는 구조를 갖고 있어요. 일하다가 쉬고 싶을 때 잠시 일을 멈추겠다는 선택을 할 수 있고, 프로젝트 내에서 작은 역할을 맡아 해외 여행과 업무를 병행하기도 합니다.

물론 이렇게 일하는 건 쉽지 않습니다. 모든 업무에 적용할 수 있는 구조도 아니고요. 무엇보다 고용이라는 구속 없이 자유롭게, 하지만 책임감 있게 일하려면 필수적으로 갖춰야 할 조건도 있습니다.

팀을 만들고 이끄는 리더로서 저는 이 팀을 떠나고 싶지 않은 곳으로 만들어야 합니다. 이 팀보다 더 좋은 곳이 없다고 느껴야 팀원들이 다음 프로젝트에도 저희와 함께할 것이니까요. 업무 성과에 대한 확실한 보상, 자유롭고 효율적인 업무 방식, 신뢰를 바탕으로 한 협업 구조를 갖추는 것이 중요합니다.

저희는 이렇게 신뢰를 쌓아나가고 있어요. 우선 투명한 수익 구조입니다. 프로젝트의 수익을 공유하고, 팀의 운영을 위해 필요한 비용을 제한 뒤, 이번 프로젝트에서의 기여도를 바탕으로 팀원들의 수익을 책정합니다. 공식적인 출근은 2주에 한 번 합니다. 물론 원할 때는 사무실에 나와서 일할 수 있어요.

팀원 모두가 "단점이 전혀 없다"고 말할 만큼 만족도가 높은데요. (물론 불편한 점이 나오면 함께 논의해서 더 좋은 방향으로 발전시켜 나가고 있기 때문입니다.) 제대로 해냈을 때 보상이 명확하기 때문에, 간섭하거나 관리하지 않아도 팀원들 모두 자발적으로 열심히 일합니다. 명확한 데드라인을 정해 각 스테이지별 결과물의 퀄리티를 체크하고, 형식적인 보고 체계는 없습니다.

2주에 한 번 Apt를 위한 시간을 가지면서 모두가 모였을 때는 우리가 시장에서 더 좋은 포지셔닝을 할 수 있는 방법, 프로젝트 내에서 더 발전시키고 싶은 일에 대해서 이야기를 나눕니다. 오랜만에 만나 함께하는 점심이니만큼, 직접 요리를 해서 먹는데요. 요리를 하면서 각자 프로젝트에 매진하느라 나누지 못했던 일상적인 대화를 나눕니다.

"나는 당신이 꿈꾸는 목표를 이루기 위해 최선을 다한다."

팀원들을 보면서 하는 다짐입니다. 저의 방향과 팀원들의 목표가 같은 곳을 향하고 있는지 자주 점검하고 고민합니다. 팀원들의 목표를 이뤄주는 것이 팀이 잘되는 길이고 그것이 결국 제가 성장하는 길이죠. 팀을 위해서, 프로답게, 관성에 끌려다니지 않고 일하는 팀원들을 보면서 그분들의 꿈을 현실로 만드는 것이 저의 꿈이 되었습니다. 인간적인 신뢰와 감사, 동료로서의 존경이 있을 때에만 가능한 마음이라고 생각해요.

팀의 성장이 온전히 저만의 이익이 되었을 때, 일하는 의미가 퇴색한다고 느낍니다. 다른 사람들과 함께 성장할 때, 우리가 모두가 좋은 곳을 향해 가고 있다고 느낄 때 기쁨을 느끼고요.

조금 바꿔 말하면, 모든 책임을 혼자 지고 싶지는 않아요. 모든 것을 경험한 인생 2회 차는 아니니, 앞으로 일어날 모든 일에 책임을 지고 팀원들과 우리 팀의 성공을 보장할 만큼의 확신이 없어요. 스스로를 완벽하다고 생각하지 않기 때문에 저 혼자만의 경험과 능력으로 회사가, 팀이 성장한다고 믿지 않습니다.

카리스마 있는 리더의 화법은 저에겐 맞지 않았어요 (무한히 연습해 보았지만….) "이렇게 할 테니 따라오라!"고 말할 자신도 없지만, 그렇게 말해서 따라왔을 때 져야 하는 결과에 대한 온전한 책임이 두려웠습니다.

그래서 여유 시간마다 눈앞에 보이는 문제와 피부로 느껴지는 불편을 찾아내 가장 좋은 해결책이 나올 때까지 고민하고, 머릿속으로 수없이 시뮬레이션을 합니다.

"깊이 고민해서 나온 현재의 최선은 이것인데요. 더 좋은 의견이 있다면 반영해서 발전시키고 싶어요. 혹시 더 좋은 생각이 있을까요?"

제 생각은 명쾌하게 표현하지만, 상대방의 생각에 대해서도 열린 마음으로 듣습니다. 우리 모두의 목표는 한 사람만의 이익이 아니라, 팀원, 디렉터, 클라이언트의 이익이니까요. 그러려면 과정, 결과물 모두 더 좋은 곳으로 향해야 하고요. 그렇게 생각한 과정과 문제점, 찾아본 사례들을 모두 공유하면서 이야기해야 상대방도 충분한 정보를 바탕으로 각자의 최선의 답을 찾아내줍니다.

중요한 건, 상대방이 의견을 내는 데에 부담이 없어야 한다는 겁니다. 저의 고민을 전부 떠넘긴다거나, 정보를 주지 않고 가져와보라는 식으로 접근하면 의견을 요청하는 게 아니라 '테스트'를 하는 것이 되어버리니까요.

더 좋은 결과를 만들기 위해, 팀의 최선을 모으는 과정이라는 것을 분명히 느낄 수 있도록 하려면, 제 생각의 과정과 현재의 결론에서 어떤 것이 부족한지 투명하게 공유해야 해요. 저의 고민 지점을 밝히며, 상대방이 처음부터 모든 걸 고민하지 않도록 하는 것이죠.

팀원들이 고민해서 공유해 준 의견은 어떻게 활용될 것인지 반드시 알려줍니다. 사안에 따라 "~한 상황이다 보니, 의견은 고맙지만 이번에는 참고만 하겠다"고 말하는 경우도 있고, "너무 좋은 의견이라, ~에 대한 내용만 덧붙여 주시면 바로 적용하겠다"고 할 때도 있어요. 대표자나 리더가 "알았다"고 하고선 다음 절차를 공유해주지 않거나, 마음대로 결정해 버린다면 팀원들은 다음 번엔 공을 들여 좋은 의견을 내지 않을 겁니다.

논의와 결정의 시기에 대해서도 알려야 합니다. 당장 결정해야 하는 거라면 양해를 구하고 갑작스럽지만 의견을 빠르게 달라고 해야 하죠. 현장감 있게 대화하면서 브레인스토밍을 하는 거라면 준비 없이 대화를 시작하고요. 하지만 자료 조사가 필요한 영역이라면 일정을 분명히 정해야 합니다. 관련 경험이 부족해서 준비할 시간 없이는 의견을 낼 수 없는 사람이 생길 수도 있으니까요.

실수나 잘못을 지적할 때도 마찬가지입니다. 상대방이 잘못을 고치지 못하는 건, 잘못을 알면서도 고치기 민망하거나, 잘못이 아니라고 생각하고 있어서일 거예요. 두 경우 모두 고의로, 악의를 갖고 잘못을 저지르는 건 아닙니다. 팀원들과 충분한 대화를 통해서 더 나은 행동으로 개선하려고 하는 이유예요. 몰랐을 수 있다는 것을 전제로 다그치지 않고 차분하게 저의 불편한 점을 이야기하고, 본인의 실수나 잘못에 동의가 된다면 함께 개선법을 정하는 거죠. "다음 미팅에서는 제가 먼저 시작하면, 같이 해줄 수 있어요?", "하루에 한 번씩만 ~해 볼까요?" 하는 방식으로 민망하지 않게, 그렇지만 확실한 액션을 정하는 겁니다.

비즈니스를 시작하기 전부터 운영하던 블로그에 남편이 이런 글을 쓴 적이 있어요.

'위기 속에서 자주 좌절하지만 결코 포기하지 않는 나와 달리, 효빈은 포기를 해버리면 했지 결코 좌절하는 법은 없다. 늘 태연하고 초연하다.'

저와 남편의 비즈니스 성향 차이, 서로의 장점과 단점이 잘 담겨 있는 글이라 공감했어요. 제가 좌절하지 않고 눈앞의 문제를 해결하며 성장한다면, 남편은 종종 좌절하더라도 결국은 끝까지, 큰일을 해내는 사람입니다. 사업에 정답은 없어요. 모두의 장점이 잘 조화되고 서로의 단점이 보완되는 게 가장 좋겠죠.

처음엔 남편의 스타일을 많이 따랐어요. 창업 당시 워낙 어린 나이이기도 했고, 오랜 해외 생활로 한국의 규칙을 잘 인지하지 못하고 있던 시기였거든요. 남편은 리더가 목표를 제시하여 팀원들에게 동기를 부여하는 방식으로 비즈니스를 했어요. 남편의 리더십이 현재는 조금 인내하고 성공에 도달했을 때 큰 보상을 하는 방식이라면, 저는 과정과 현재에 집중하며 매 순간 성과에 보상하고 모두의 기쁨과 함께 성장하고 싶었습니다.

mtl과 보난자 커피가 지금처럼 성장한 데에는 남편의 리더십의 역할이 컸습니다. 저 역시 성장했어요. 특히 포기하지 않는 법을 배우게 됐으니까요. 옆에서 열심히 애쓰고 있는 사람이 있으니 실망시키고 싶지 않은 마음, 피해를 주고 싶지 않은 마음으로 조금씩 조금씩 더 버틸 수 있게 되더라고요. 끈기가 강점인 사람들만큼 오래 버티지는 못하지만, 전보다는 더 오래 견딜 수 있게 되었어요.

사람마다 분명히 다른 점이 있고, 서로 다른 강점이 있는데 이것을 깨닫기까지 꽤 오랜 시간이 걸렸습니다. 아주 비범하거나 악질이 아닌 평범한 우리들은 모두 비슷한 크기의 동그란 파이 차트를 가지고 있습니다. 모두 다른 크기의 동그라미가 아니라, 비슷한 크기의 동그라미 차트에서 각자가 가진 능력의 개수와 각각의 비중이 다른 것이죠.

모든 것이 360도로 완벽한 여러 개의 차트를 가진 사람은 없더라고요. 10개의 장점을 가졌다면, 하나의 동그라미가 중심으로부터 10개로 잘게 쪼개졌을 겁니다. 3개만 있다면 크게 3조각으로 나뉘었을 테고요.

모두는 완벽하지 않고, 분명하게 부족한 부분을 가지고 있을 텐데, 부족한 부분에만 집중하면 스스로 괴로울 뿐 나아지는 건 없습니다. "왜 이 사람은 이걸 잘 못하지?" "이런 건 당연한 거 아냐?" 하는 건 없더라고요. 각자가 가진 장점의 종류와 크기는 다릅니다.

혹시 함께하는 사람의 단점으로 괴로워하고 있다면, 그 사람이 어떤 능력을 가진 사람인지 한번 파악해 보세요. 그 사람의 능력과 내 능력을 합쳐 시너지를 낸다면, 지금의 시기를 현명하게 넘어가며 성장하는 것일 테니까요.

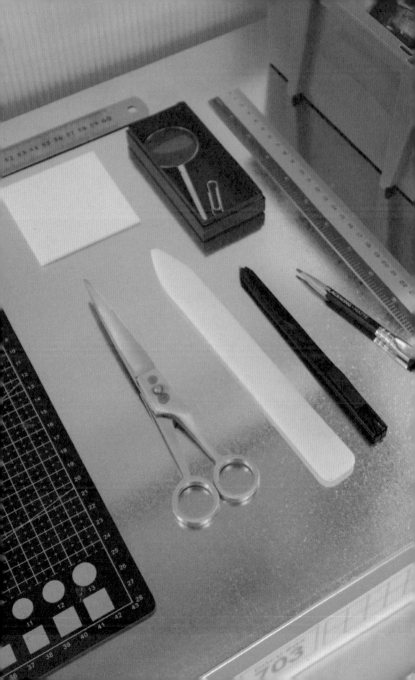

# 마음 보듬기:

## 안간힘 쓰지 않아도

# 가장 멋진 나의 모습

"라인 시트랑 누끼 이미지도 전달 드려야 할까요?"

"네, 그럼요. 주세요."

"언제까지 전달 드리면 될까요?"

"제작하시는 데 얼마 안 걸리실 테니까 빠를수록 좋을 것 같아요."


여러 번 경험해 본 듯, 당연하다는 듯 말했지만, 심장은 불안하게 뛰고 있었습니다.  달라고 한 게 무엇인지 정확하게 이해하지 못했거든요.

비즈니스를 시작한지 막 1년이 지날 무렵, 편집숍 운영 초기에 있었던 일입니다. 브랜드의 제품을 편집숍에서 판매하려면 계약 혹은 사입을 진행해야 하는데요. 그때 브랜드 담당자 분들이 종종 꺼냈던 단어가 '라인시트'와 '누끼 이미지'였습니다. 라인시트는 리테일(소매) 가격, 홀세일(도매) 가격, 최소 수량, 제품의 특징 등이 담긴 도매용 제품 리스트라고 할 수 있습니다. 상세 내용이 엑셀 파일로 정돈되어 있어서 필요한 물량을 넣으면 전체 금액과 할인율을 한 번에 볼 수 있는 시트죠. 누끼 이미지는 제품을 흰 바탕에 놓고 찍거나, 배경을 삭제하여 제품만 보이는 이미지를 뜻하고요. 제품 홍보용으로 사용하거나, 다른 제품들과 붙여서 이미지를 만들수 있죠. 얼마 지나지 않아 단어들의 의미를 알게 되었지만, 처음 편집숍을 오픈할 당시에는 아무것도 몰랐습니다.

처음이라 잘 몰라서 그러는데 설명해 달라고 했으면 좋았을 것을, 그때는 왠지 그러면 안 될 것 같았습니다. 모

르는 사람처럼, 초보처럼, 어린애처럼 보이면 안 된다
는 생각에 그 어린 나이에도 불편한 슬랙스에 재킷, 로
퍼 차림으로 전문가처럼 보이기를 고집했습니다.

누가 봐도 잘 모르는 게 티가 나는 상황이었을 텐데도,
상황에 맞지 않는 엉뚱한 답을 하면서 아는 척을 했습
니다. 답을 모를 때에는 사무실에 돌아가면 확인해 보
고 알려주겠다며 순간을 모면했습니다. 편집숍을 운영
하는 사람이 모르면 안 되는 이야기를 하는데도 그렇게
답을 했으니 얼마나 어색해 보였을까요?

그때의 저는 '어른스러워야 한다'는 강박을 갖고 있었습
니다. 제가 아닌 모습을 연출해야 하니, 늘 긴장하고 경
직된 상태로 일할 수밖에 없었죠. 꽤 오랜 시간을 그렇
게 안간힘을 쓰면서 살았습니다. 그게 열심히 사는 것,
노력하는 것이라 믿었습니다.

때때로 감당할 수 없을 정도로 힘든 일을 마주하며, 나

를 숨기며, 아는 척, 어른스러운 척을 하고 살다 보니 마음에 병이 쌓였나 봅니다. 도저히 하루도 버틸 수 없는 지경까지 가서야 남의 시선이 놓아지기 시작했습니다. 누구의 시선보다 스스로 서 있을 수 있는 힘이 더 중요해지는 때가 되어서야 원래의 제 모습 그대로 사람들을 대하기 시작했어요. 나를 어떻게 보든 신경 쓸 힘이 없어진 그제야 나에게 신경 쓸 수 있게 된 거죠.

어깨에 힘주고 앉아 아는 척하며 에너지를 다 써버리고 탈진하는 게 아니라, 여유롭고 편안한 자세로 "처음 들어보는 단어인데 그건 뭔가요? 그 부분은 잘 몰라서요. 설명해 주시면 다음에는 잊지 않을게요!" 하고 솔직하게 물었습니다. 제 경험이 상대에게 도움이 될 것 같다면 차분한 척, 어른스러운 척하지 않고 신나게 이야기하기 시작했어요. 그렇게 진짜 내가 되었습니다.

진짜 내가 되니 신기한 일들이 벌어졌습니다. 나와 잘 맞는 사람들이 나를 알아보고 주변으로 모였습니다. 매력 있는 사람이라는 이야기를 듣기 시작했어요. "어떻게 그렇게 신나게 일을 하세요?" 하는 질문도 받았습니다.

어른스럽게 보이려 노력하던 때엔 저라는 사람의 존재가 없는 것 같았습니다. 공동 창업자인 남편과 함께 다녀도, 항상 남편에게만 관심이 집중된다고 느꼈습니다. 남편과 함께 만난 사람이 두 번째 만남에서 저만 기억하지 못하는 경우도 많았죠. 분명 제가 시작한 대화였는데, 어느새 다른 사람들이 대화를 나누고 있고 저는 빠져 있는 순간도 있었어요. 지난 번에 만났던 사람이 저를 몰라보고 인사를 하지 않기도 했고요.

부족한 자신이 드러나면 무시당하거나 배제될까 봐 더 잘하려고 애썼지만, 결과는 정반대였습니다. 오히려 존재감이 사라지고, 밀려났습니다. 돌아보니 어린 나이에 대표가 된 것이 왠지 쑥스럽고 으스대는 일 같아 시키지도 않은 나이 많은 척을 하며 경직되어 있었던 것 같습니다.

모든 것을 내려놓고, 정제되지 않은 날것의 모습을 보여주고 나니 제 생각이 틀렸었다는 걸 확실히 알겠더라고요. 사람들은 저의 모습을 신선하게 받아들였습니다. 모르면 모른다고 할 줄 아는 모습에서 오히려 확신과 경험이 있는 사람일 거라는 기대감을 가졌습니다.

"네가 얘기할 때 눈이 반짝반짝 빛나는 것 같아."

틀릴 수도 있다, 실수할 수도 있다, 그래도 괜찮아. 그런 기조로 행동했더니 사람들이 저를 매력적으로 봐주기 시작했습니다. 오랫동안 나 자신을 옥죄고 있던 무언가로부터 탁 풀려나는 듯했던 그 순간이 저에겐 스스로를 찾는 과정의 시작이었습니다. 내려놓고 나니 가고 싶은 곳이 보이고, 그곳으로 움직일 수 있게 되었으니까요.

약해져도 어쩔 수 없다고 생각하고 했던 행동이 오히려 저를 더 강하게 만들어줬다는 느낌이 들었습니다. 스스로를 숨기지 않으니 마주하는 대화들이 편안해졌습니

다. 편안함에서 오는 신뢰와 여유가 사람을 빛나게 해
준다는 것도 깨달았습니다.

나의 생각과 감정을 여과없이 투명하게 보여주는 것이
편안해지면서, 내 생각과 의견이 좀 더 정리되어야 한
다는 생각을 하게 됩니다. 그렇게 스스로의 마음을 더
자세히 들여다보며 내가 정말 하고 싶은 말이 무엇인지
에 집중하게 되었습니다.

정리된 생각과 의견을 사람들에게 전달할 수 있게 된
후, 감사하게도 제가 하는 생각에 흥미를 가져 주시는
분들이 종종 계시는 것 같아요. 제가 하는 생각이 누군
가에게 건네는 말이 되어 좋은 영향력을 가질 수 있도
록 더 많은 공부를 하며 스스로 깊어지기 위해 노력하
고 있는 이유입니다.

# 불가항력의 시간

지난 10년을 돌아보면, 편집숍을 열고, 커피 사업을 시작하고, 유튜브를 시작하고, 브랜딩 스튜디오를 론칭하던 순간의 제 모습이 떠오릅니다. 삶과 사업에서 큰 변화였던 순간들에는 모두 고통이 있었습니다. 피할 수 없는 고통에 시달리면서 모든 것을 포기하고 싶었을 때, 그 고통스러운 상태에 더는 빠져 있고 싶지 않아 새로운 변화를 시도하게 되었으니까요.

배가 고파야 정말로 먹고 싶은 것이 무엇인지 알 수 있는 것과 비슷하지 않을까요? 고통과 갈증을 느껴야 나를 찾을 수 있었습니다. 혹시 지금 일과 삶에 고통을 겪고 계시다면, 왜 이런 고통이 왔는지 묻지 않으셨으면 좋겠습니다. 고통에 이유는 없으니까요. 어쩌면 우리의 삶에서 고통은 잊을 만하면 늘 찾아오는 디폴트 상태인지도 모릅니다. 다만 우리가 할 수 있는 건 이 고통에서 벗어난 상태를 꿈꾸는 것뿐입니다. 고통스럽지 않은 상태가 어떤 것인지 생각하고, 그 상태를 찾아 움직이는 것이죠.

고통을 겪고 있을 때에만 알 수 있습니다. 이 상태에서 벗어나면 진정으로 무엇을 하고 싶은지, 뭐가 되고 싶은지, 어떤 모습의 내가 가장 만족스러울지. 어중간하게 배가 부르면 먹고 싶지도 않은 음식을 그냥 한번 먹어볼까 하고 선택할 수 있잖아요. 일도, 삶도 마찬가지입니다. 재미있는 것 같기도, 없는 것 같기도 한 애매한 상태라면 다른 선택을 하기 어렵습니다.

불가항력의 시간이 있어야 내 마음이 향하는 곳이 보입니다. 그만둘 수 있는 용기, 가고 싶은 방향으로 갈 수 있는 용기가 생깁니다. 정말로 원하는 마음, 당장 실행하고 싶은 마음으로 일을 되게 만드는 과정에는 반드시 고통이 있습니다.

사람들은 과정의 어려움보다는 결과를 보게 됩니다. 멋지게 만들어진 상품, 부러운 경력. 그걸 얻기 위해 분투한 과정은 굳이 찾아보지 않는다면 겉으로는 드러나는 것은 아니니까요.

그 어려운 과정을 몰라서 다행인 면도 있는 것 같습니다. 저 역시 무모하게 도전하고, 직접 해보고 나서야 '이렇게나 어려운 것이구나' 깨닫게 되었습니다. 그렇게 힘들 걸 알았다면 시도조차 하지 않았을 거예요.

시도가 중요합니다. 그냥 해보는 거죠. 어떨지 모르지만, 몰라서 두렵지만, 그럼에도 불구하고 시도하는 겁니다. 실행 과정에서 '이게 맞나' 하는 의문은 반드시 따라옵니다. 그런 물음표를 지우는 건 또 다시 시도입니다. 가치가 있을 때까지, 나올 때까지 시도하는 거죠. 물음표에서 멈추지 않고, 계속해서 쌓아가는 거예요. 여기서 멈추면, 정말 틀린 게 되고, 실패한 게 됩니다.

가방 브랜드 스티키쉬를 만들면서 처음으로 비즈니스를 시작했습니다. 일산의 작은 스튜디오형 오피스텔에서 먹고 자고, 디자인하고, 작업하면서 만들었지만 당연하게도 저희 생활은 쉽지 않았습니다.

거기서 멈췄다면, 잠깐 운영됐던 가방 브랜드로 끝났을 거예요. 어쩌면 우리가 말하는 실패에 가까운 상황으로요.

당시 막 편집숍의 개념이 시작되었던 시기라, 다양한 플랫폼에 입점해 우리 브랜드를 알려보고자 했습니다. 편집숍에 들어가면 판매 채널이 여러 개 생길 테니 상황이 나아질 거라는 믿음으로, 직접 문을 두드리고 샘플을 보아달라고 하기도 하고, 수많은 메일을 보내 입점을 시도했어요. 그런데 막상 입점한 편집숍에서는 몇 개월이 지나도 기대한 수준의 매출이 발생하지 않았습니다.

문제를 해결하기 위해 직접 가서 디스플레이된 우리의 가방을 보니, 미니멀한 우리 제품과는 잘 맞지 않는 문구류 위에 디스플레이가 되어 있었습니다. 당시만 해도 뚜렷한 콘셉트의 편집숍이 등장하기 전이었어요. 편집숍들이 문구류부터 악세서리까지 다양한 제품군을 보여주는 방식으로 전개되고 있던 상황이라, 브랜드 무드가 맞지 않는 플랫폼에 입점하는 것은 우리의 돌파구가 아니겠구나 하고 깨닫게 되었습니다.

우리 브랜드와 잘 맞는 플랫폼이 없다면 우리가 직접 편집숍을 만들고, 우리 브랜드와 함께일 때 더 빛날 수 있는 브랜드들을 큐레이션해 시너지를 내보기로 했습니다. 저희 가방 브랜드와 같은 미니멀한 브랜드들을 위한 공간이었죠.

그렇게 연남동에 오픈한 모어댄레스는 작은 규모에도 불구하고 빠르게 주목을 받았고, 인지도도 높아졌습니다. 문제는 이번에도 수익이 되지 않았다는 거예요. 그렇게 좋아하는 커피를 한 잔만 사서 남편과 둘이 나눠 마셔야 했을 정도로 어려웠습니다. 아무것도 구매하지 않는 손님이 나가고 난 뒤, 뒤돌아 주저앉아 울었습니다. 울었던 이유는 눈앞의 현실이 정말로 어려워서, 그리고 아무것도 구매하지 않는 손님을 미워하는 내 마음이 너무 미워서였던 것 같아요.

매거진에도 실리고, 인터뷰도 많이 하는데 왜 우리 현실은 여전히 어려울까? 사람들은 뭘 사고 있을까? 눈앞에서 하하 호호 웃으며 지나가는 사람들은 왜 우리 매장에 들어오지 않을까? 고민했습니다.

매장 밖에서 밝게 웃으며 매장을 지나치는 사람들을 바라보면서 미운 마음이 솟아나기를 여러 번, 가만히 앉아 지켜보니 손에 들린 커피가 눈에 띄기 시작했습니다. 한 번 발견하니 매일 그 흐름을 트래킹하게 됐어요.

웃으며 자연스럽게 들어가는 곳, 들어가면 결국은 소비를 하는 곳, 그리고 시간을 보내야만 하는 곳. 커피가 있다면, 우리 가게에 쉽게 들어올 이유가 생기겠다! 생각에 확신이 들기 시작할 무렵, 카페 브랜드를 찾기 시작했고 베를린의 로스터리, 보난자 커피를 발견하게 되었습니다.

효창, 한남, 동탄에서 편집숍 mtl을 운영하고 보난자 커피 코리아를 운영하는 지금의 회사를 보면 상상이 불가능할 만큼, 수없이 포기하고 싶었던 어려운 과정들이 있었습니다. 저 역시 지금의 모습을 상상하고 목표로 삼아 달려온 것은 아니에요. 그 순간 하고 싶었던 것들을 일단 시작했고, 하다 보니 닥치게 된 당연한 어려움

들을 포기하지 않고, 최선을 다해 해결하려고 했던 것
뿐이었어요. 그렇게 하나씩 문제를 넘어가는 과정에서
의미 있는 결과들이 나왔습니다.

결과보다 과정이 중요하다 같은 철학적인 메시지를 던
지고 싶지는 않습니다. 오히려 과정을 몰라도 된다고
말하고 싶습니다. 우리가 맞닥뜨릴 과정은 저마다 다를
거예요. 이런 과정일 거라고 예단하거나, 앞선 다른 사
람들이 겪은 것과 비슷할 거라고 추측할 수 없습니다.
그래서 그냥 시작해 보시기를 권합니다. 어차피 과정에
선 어려움을 겪을 겁니다. 문제가 생길 거고요. 그걸 해
결해 나가는 과정에서, 상상하지 못했던 가치를 발견하
고, 여러분이 꿈꿨던 멋진 결과보다 더 나은 무언가를
만나게 될 거라고 믿습니다.

# 문제가 없는 게 문제

후회를 잘 하지 않습니다. 과거를 돌아볼 때도 좋은 일 중심으로 생각합니다. 그럼에도 한동안, '내 인생은 왜 이럴까?'라는 비관적인 질문이 제 머릿속을 가득 채웠던 시기가 있었어요.

너무 힘들어할 때, 아버지가 저에게 해주신 말씀이 있습니다. 인생은 '문제-문제-문제-위기'다. 문제가 있는 상황이 디폴트 상태인 거고, 더 심각한 위기 상황도 올 거라는 얘기였어요. 나아질 거라는 막연한 위로가 아니어서 저에게 더 힘이 되었던 것 같아요. 문제가 없는 상황을 지향하지 말고, 문제가 있는 대로 현재의 상황을 받아들이기로 마음먹게 되었습니다.

사실 창업 초기엔, 하나의 문제를 해결하고 나면 편안하고 즐거운 상황에 도달할 수 있을 거라는 기대가 있었습니다. 비유하자면, 코미디 프로그램 같은 데에서 가끔 나오는 얼굴로 랩 찢기 같은 것이라고 할까요? 고통스럽고 민망하지만 단단히 힘을 줘서 이 랩을 뜯어내고 나면, 편안하게 숨쉬고 웃을 수 있는 상태가 될 것 같은 기대였습니다.

그런데, 랩을 한 겹 뜯어 내고 나왔더니, 거기 랩이 또 있었습니다. 뜯어도, 뜯어도 계속해서 나왔어요. 그때의 절망감이란. 이것만 해결하면 나아지는 줄 알고, 꾹 참고, 이 일만 하면서 버텨왔는데, 곧바로 문제가 다시 시작되다니요. 이 랩만 뜯으면 될 줄 알고, 숨을 참으면서 열심히 뜯어냈는데, 눈 앞에 랩이 또 있었던 거죠. 유토피아를 꿈꿨는데, 그런 건 없었습니다.

크게 번아웃이 왔습니다. 운전하면서 터널을 지나갈 때, 거의 기절할 것 같은 느낌을 받았습니다. 무서운 공장장님이 계신 공장에 갈 때는 숨을 못 쉬기도 했고요.

결국 삶에서 문제는 계속해서 존재하고, 계속해서 나타납니다. 지금 내 눈앞에 있는 문제가 끝이 아닐 겁니다. 그렇다고 삶은 문제투성이니까 문제 해결에만 집중하면서 살아야 한다는 말은 아닙니다. 오히려 반대예요. 어차피 문제가 상존한다면, 숨도 쉬고, 주변도 둘러보고, 웃기도 하면서 하나씩 해결해 나가는 게 좋을 거예요.

문제는 없어지지 않습니다. 바꿀 수 있는 건 우리가 문제를 대하는 태도뿐이에요. 문제를 태연하게 받아들이는 거죠. 문제 자체에 집중하지 않고, 우리의 일과 삶 전체를 보면 나름대로 괜찮고 멋진 것들이 많이 보입니다.

정말 힘들 때는 이렇게 생각해요. 지금 이렇게 많은 문제를 맞닥뜨린 건, 속도가 그만큼 빠르기 때문이다. 가는 길에서 어차피 만날 문제들을 한꺼번에 더 많이 만나게 된 것뿐이다. 겪고 있는 문제가 많다면, 많은 경험을 빠르게 하고 있는 것이다.

이렇게 빠르게 문제를 해결하고 나서도 '문제 없음'의 상태는 오지 않을 거예요. 하지만 다음 문제는 좀 더 쉽게 해결할 수 있습니다. 이전의 제 능력치로는 해결할 수 없었던 어려운 문제를 받을지도 모르죠. 그만큼 더 나은 사람이 될 거고요. 문제에 휩싸여 있다고 생각되는 날, 저는 거울을 보면서 이렇게 말해요.

'잘하고 있어.'

# 목표는 언제든 달라질 수 있다

정말 하고 싶은 마음이 들어서, 온 마음을 다해서 시작했더라도, 불안한 마음은 언제든 찾아옵니다. 지금 나, 잘하고 있는 것 맞을까? 이렇게 계속해도 되는 걸까? 하고 의문이 생기죠.

실행 과정에서의 점검은 필요합니다. 하지만 처음 생각했던 대로, 처음의 목표를 기준으로 지금의 나를 점검한다면 문제만 발견되고 말 거예요. 왜냐하면 상황과 나 자신은 계속해서 변화하고 있으니까요.

유튜브를 시작할 때, 처음 목표는 훨씬 컸습니다. 인플루언서가 되고 싶다, 유명해지고 싶다는 마음으로 시작했거든요. 지금은 구독자 수에 매달리지 않고 오랫동안 좋아하는 일을 할 수 있으면 좋겠다는 생각으로 바뀌었습니다.

이제 막 유튜브 시장에 진입한 입장에서 본 수십 만 구독자를 보유한 유튜버들은 행복해 보이고 부럽기만 했습니다. 운영을 해본 지금은 아니라는 걸 알죠. 유튜브 채널만이 전부인 삶은 나에게만큼은 불행할 수도 있겠다 싶기도 해요. 촬영하고 편집하는 과정도 쉽지 않지만, 자기를 노출했을 때 오는 두려움과 불안감도 크다는 걸 조금은 알게 되었습니다.

언젠가 자주 들르지 않는 동네의 카페에서 주문을 하고 앉아 시간을 보내고 있는데, 한참 시간이 지난 뒤 어떤 분이 다가와서 인사를 했어요. 유튜브에서 보았다고요. 감사했지만, 한편으론 모르는 누군가가 저를 지켜볼 수 있다는 불안감을 그때 처음 느꼈어요. 갑자기 스스로의 행동을 검열하기 시작하는 저를 보면서, 많이 알려지는 것이 행복하지는 않겠다는 생각이 들었어요.

처음 세웠던 목표는 언제든 달라질 수 있습니다. 처음엔 브랜딩 과정을 보여 주는 브이로그를 유튜브 채널의 메인으로 삼고 싶었는데, 지금은 저의 생각과 경험을 정리해서 말하는 정돈된 하우투 콘텐츠를 하고 싶습니다. 이전에는 저라는 사람 자체가 사랑받기를 바랐다면, 지금은 저의 능력이나 생각이 보였으면 하는 바람입니다. 실행 과정에서 생기는 새로운 목표, 기준의 변화를 받아들이니 더 넓은 시야가 열렸습니다.

목표는 스스로 노력해서 달성할 수 있는 것으로 수립하는 편이 좋습니다. 브랜딩 스튜디오의 팀원들과 함께 루틴을 만들면서 달성 가능한 목표의 힘을 느낀 경험이 있어요. 업무 외에 개인적으로 콘텐츠를 꾸준히 발행할 수 있는 사람이 되어 보기로 하고 각자 원하는 플랫폼을 선택해서 스스로 정한 주기에 따라 콘텐츠를 제작하기로 했었는데요. 1주일에 한 번씩 주간 목표를 달성했는지 노션 페이지에 인증하며 두 달을 보냈습니다.

중요한 건 우리의 노력에 따라 도달할 수 있는 결과를 정해야 한다는 것이었습니다. 예를 들어 5만 원어치 판매하기나 조회 수 1000회 같은 목표는 개인의 성실함만으로 이룰 수 있는 목표가 아니라 누군가의 행위에 따라 결정되는 것이죠. 결과는 루틴에 따라올 수 있도록, 루틴에 대해서만 목표를 세웠습니다. 저는 2주에 한 번 유튜브 업로드를 목표로 세웠고, 함께하는 동안은 꾸준히 (때로는 울며 겨자 먹기로) 콘텐츠를 업로드할 수 있었습니다.

노력해서 도달할 수 있는 지점을 바라보는 것은 문제 해결에도 도움이 됩니다. 컨트롤할 수 없는 영역의 문제는 빠르게 버리는 것이 낫습니다. 내가 지금 해결할 수 없거나, 답을 찾을 수 없다면 자책하거나 속상해하며 시간을 허비하게 됩니다. 구독자 목표나 조회 수 목표 이전에 콘텐츠 업로드 횟수나 주기, 콘텐츠의 주제 같은 내가 결정하고 실행할 수 있는 일에 집중한다면 구독자나 조회 수가 성장할 기회도 열릴 수 있는 거죠.

이런 생각을 합리화라고 여기는 분들도 있습니다. 하지만 저는 합리화하는 것도 좋다고 생각합니다. 상황을 합리화하는 것이 문제를 악화시키는 부정적인 태도는 아닙니다. 내가 생각하는 최선이 이것이라고 여기고 무거운 마음과 스트레스에서 벗어나 안정을 되찾아야, 다시 생각할 수 있는 힘이 생기니까요. 상황과 문제에 매몰되어 있다면, 빠르게 인정하고 문제를 다시 한 번 바라보세요. 억지로 붙잡고 놓지 못하는 1시간보다, 맑은 머리로 10분 집중하는 것이 훨씬 효율적일 테니까요.

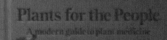

**Plants for the People**

A modern guide to plant medicine

# 멈추지 않고, '함께' 나아가기

부정적인 생각에 빠져들면, 시선 자체가 부정적으로 변합니다. 사업이 성장하면서 성과에 대한 압박, 사람들과의 관계, 일하는 방식의 급격한 변화를 겪었을 때가 그랬습니다.

밖에서 보기엔 사업이 잘 되고 있고, 커지고 있어서 기쁠 것 같았겠지만, 급격히 변하는 일의 방식, 이해관계, 입장 차이가 혼란스러웠습니다. 혼란 속에서 어느 새 모든 시선이 부정적으로 바뀌어 나쁜 점만 찾아내는 상태가 되어 있었습니다. 오늘은 또 무슨 짜증나는 일이 생기려나, 어떤 싫은 행동들을 보게 되려나 하면서 도끼눈을 뜨고 세상을 바라보고 있었죠.

그런 제 자신이 너무 싫었습니다. '어쩌다 이런 사람이 됐을까' 하는 생각이 또 어두운 구름을 몰고 왔고, 부정적인 근육이 너무 발달해서 모든 생각이 부정적으로 변하는 것 같았습니다. 이런 스스로가 너무 마음에 들지 않아 빨리 벗어나고 싶은데, 생각은 멈출 기미를 보이지 않았습니다.

벗어나고 싶어서, 지금의 내 마음 상태와는 전혀 다른 사람들을 찾아봤습니다. 작은 행복들이 주변에 있는 사람들, 유난히 주변에 좋은 일이 많이 생기고 감사한 일이 많은 사람들을 관찰했습니다. 나는 이렇게 힘든데, 저 사람의 주변에는 왜 아름다움과 여유가 있는 걸까? 궁금해졌습니다.

차이는 그 사람들의 시선이었습니다. 어디를 가든, 누구를 만나든 좋은 점을 찾아서 발견하고, 감탄하고, 공유하는 사람들이었거든요. 카페에 가면 커피를 마실 뿐인데, 그 사람들은 여기는 이런 게 좋고, 이래서 기쁘고, 이런 게 맛있다! 이야기하고 있었죠. 기분 나쁠 법한 일이 안 생기는 건 아니었어요. 하지만 그 순간에도 빠르게 털어내고, 주변과 상황의 좋은 점을 찾고 있었습니다. 가만히 생각해 보니, 좋은 일들만 생기는 게 아니라 좋은 걸 계속해서, 일부러 찾아가며 감탄하는 것이었습니다.

힘든 시기 많은 위로가 되어주었던 포토그래퍼 정멜멜 님이 쓴 책 『다만 빛과 그림자가 그곳에 있었고』에서도 좋은 시선을 발견했습니다. 책에 이런 구절이 나옵니다.

'내가 사는 도시를 가장 아름답게 바라보는 방법은 한 손에 작은 카메라를 들고 나가는 것이다.'

아름다운 일이 자주 일어나는 사람이 따로 있는 게 아

니라, 좋은 시선을 가지면 아름다움을 마주할 수 있게 되는다는 의미로 들렸습니다.

사진을 좋아한다는 이유로 카메라를 여러 대 구입해 놓았지만, 멋지게 연출된 장면이 있을 때만 카메라를 가지고 나왔었어요. 평범한 일상을 좋은 시선을 통해 아름다운 장면으로 담는 게 아니라, 좋은 상황이 있을 때만 카메라를 꺼냈던 거죠. 그 구절을 읽고 새로운 마음가짐으로 카메라를 손에 들고 다니며 주변의 아름다움을 찾아내려 애쓰기 시작했습니다. 물을 마시는 컵에 빛이 맺히는 순간, 강아지의 장난치는 모습, 신나게 자기 이야기를 하는 친구의 손짓. 하나씩 찬찬히 바라보면 모든 게 다 행복이었는데 말이죠. 일상을 대하는 마음과 시선이 달라졌습니다.

나쁜 일만 일어나는 사람은 없습니다. 그리고 좋은 일만 일어나는 사람도 없죠. 누군가에게 유난히 행복한 일이 많이 일어나는 것처럼 보이는 건, 행복을 찾으려는 그 사람의 태도와 시도 때문일 겁니다.

혹시 부정적인 생각이 머리를 지배하고 있는 느낌이 든다면, 일상의 행복이라는 주제로 사진집을 낸다고 생각해 보세요. 머릿속으로 담아도 좋고, 저렴한 카메라를 한 대 구입해 보는 것도 좋을 거예요. 카메라를 손에 쥐고 주변의 아름다움을 찾는 순간, 내 행복은 훨씬 더 가까이 있음을 깨닫게 됩니다.

함께 있는 사람들로부터 에너지를 얻는 방법도 있습니다. 유튜브 채널 운영을 굉장히 좋아하기는 하지만, 유튜브를 시작한 초기엔 구독자가 너무 없어서 꽤나 우울한 날들을 보냈습니다. 처음이다 보니 익숙하지 않아서 영상 하나 편집하는 데 이틀을 꼬박 쓸 정도로 온 힘을 다해 노력하고 있었거든요. 20시간은 기본으로 걸렸습니다. 그런데 결과는 노력에 비례하지 않는 것이 현실이었습니다. 당연하지만 아무 반응이 없을 때가 대부분이었습니다.

마음의 여유와 에너지가 떨어지고 있다는 느낌을 받았습니다. 이정도의 데미지로 유튜브를 멈추고 싶었던 건 아니지만, 노력에 비해 반응이 없으니 '노력해서 뭐하나' 하는 부정적인 생각의 굴레에 빠지려던 참이었죠. 혼자만의 바람과 노력으로는 지속하기가 어렵겠구나 싶었습니다.

다른 사람들의 마음을 사보기로 결심했습니다. 구독자가 300명 남짓하던 시기, 같이 일하는 팀원들에게 구독자 1000명을 달성하면, 종종 이야기했던 레스토랑에 가서 원하는 음식을 모두 사주겠다고 선언했어요.

그날 이후, 아주 작은 숫자여도, 몇 명만 구독자가 늘어도 팀원들이 먼저 '오늘 몇 명 늘었어요!' 하며 채널이 성장하기를, 1000명에 도달하기를 기원해 줬어요. 모두가 내 채널의 성장을 원하고 있다는 마음이 느껴지니 외롭지 않고, 힘이 났습니다. 때때로 팀원들은 묻지도 않은 더 좋은 콘텐츠 주제를 제안해 주기도 했습니다.

영상 조회 수가 예상치 못하게 오른 날이면, 누구보다도 기뻐했죠. 여러 사람들의 마음이 모이니 제 마음도 채워지는 느낌이었어요.

구독자 1000명을 달성하고 식당에 간 날이 기억납니다. 이런 얘기를 나눴어요. 불과 얼마 전에 300명이었는데, 벌써 1000명이 되었다고요. 모두의 축하를 받으며 기념하는 자리가 생기니, 나만의 외로운 싸움이 아니라 모두가 응원하는 일을 해낸 것 같아 진심으로 기뻤습니다.

혼자서 싸우고 있는 것 같이 느껴질 때, 내 편이 없어 외로울 때, 목표가 너무나 멀어 보여서 당장의 한 발이 내디뎌지지 않을 때, 함께 응원할 수 있는 공동의 목표를 만들고 주변에 제안해 보세요.

불가항력의 시간은 언제든 또 옵니다. 하지만 이제는 알고 있습니다. 멈추지 않고 함께 나아가고 있다면, 고통은 지나가는 순간이 된다는 것을요.

# 벗어나야만 보이는 것

내가 싫어질 때가 있습니다. 저의 경우엔 누군가를 미워하고 있거나, 누군가가 저를 미워하는 것처럼 느껴지는 것이 가장 괴로웠습니다.

몇 년 전 회사의 규모가 커지고, 투자를 받으면서 단기간에 환경이 달라졌습니다. 적응할 시간도 없이 많은 것들이 바뀌고 있었죠. 리더로서 좋은 방향으로 회사와 팀원을 이끌기 위해 팀원들보다 먼저 변화의 속도에 맞추어 배우고 성장하느라 정신이 없었던 시기였습니다.

작은 규모에 익숙하던 팀원들과 함께 변화를 받아들이는 일은 쉽지만은 않았어요. 회사의 주인과 같은 저조차도 버거울 만큼 많은 일들이 일어났으니, 팀원들은 더 힘들었을 겁니다. 좋은 방향으로 성장하여 좋은 회사를 다니게 해주고 싶었던 마음, 팀원들의 성장을 돕고 싶어 실행했던 일들이 팀원들에게 부담으로 느껴지는 경우도 있었습니다. 모든 것이 서툴러서 정말 아끼고 좋아했던 팀원들의 오해를 받기도 했습니다. 이 시기에는 머물러 있고 싶은 팀원들과 격변의 시기를 겪고 있는 운영진으로 팀이 나뉘고 있다는 생각까지 들었습니다.

회사는 하루 중 대부분의 시간을 보내는 장소이다 보니 고통은 더 컸습니다. 좋은 사람들과 즐겁게 일하는 것이 가장 중요하다고 생각해 왔는데, 늘 누군가와 부딪히고 설득하는 상황만 마주하다 보니 일하는 것 자체가 무의미하게 느껴졌어요.

도저히 견디지 못하고 회사를 그만두기로 결심했습니다. 내가 살고 있는 서울이라는 도시, 거의 매일 출근하는 회사라는 공간, 가족보다 자주 보는 함께 일하는 사람들. 익숙한 모든 것으로부터 벗어나기로 했습니다. 정리하는 마음으로 당장 떠날 수 있는 가장 먼 곳으로 떠나보기로 하고, 제주도로 가는 배에 자동차를 싣고 떠났습니다.

가장 저답게 지내야 할 익숙한 곳과 사람들 사이에서 너무도 부자연스럽고 어색한 모습인 저를 견디기 힘들어서 벗어나고 싶다는 마음뿐이었습니다. 낯선 곳으로 가야 자연스러운 저를 찾을 수 있을 거라고 생각했고요.

제주도에서는 주로 혼자서 시간을 보냈습니다. 마음을 다스리는 데 도움이 된다고 하는 명상과 요가를 해보기로 하고, 숙소 근처의 요가원을 매일 아침 다녔습니다. 치유가 필요한 상태라는 생각이 들어 '동적 명상'이라는 이름의 프로그램을 신청했습니다. 어떤 프로그램인지도 모른 채로요.

이른 아침, 프로그램 시작 시간에 맞춰 들어간 요가 스튜디오는 사람들의 실루엣만 보일 정도로 어두웠습니다. 동이 트기 전 아침이라서 그랬는지, 통창의 암막 커튼이 두껍게 덮여 있어서 그랬는지, 사람들의 얼굴과 표정은 잘 보이지 않았습니다. 아마도 울상에 가까운 표정이었을 저에게도 어둠이 다행이라는 생각이 들었어요. 중앙에는 나무처럼 큰 기둥과 기둥에 연결된 테이블이 있었고, 테이블 위에는 정적인 공간과 대비되어 더욱 더 멋지게 보이는 음향 장비들이 놓여 있었습니다.

"눈을 감으세요."

선생님의 지시에 따라 눈을 감으니 음악이 흘러나왔습니다. 인도에서 요가 하는 장면을 떠올리면 나올 법한 차분하고 몽환적인 음악이었습니다. 음악과 함께 안내가 시작되었어요.

"오른팔을 오른쪽으로 뻗어보세요."

"왼다리를 무릎 높이로 들어올려 보세요."

"머리를 뒤로 젖혀보세요."

하나씩 이어지는 선생님의 안내에 따라 눈을 감은 사람들의 몸이 어색하게 움직이기 시작합니다. 몸을 자유롭게 움직이는 것에 익숙하지 않은 사람들을 위해, 신체 부위를 하나씩 하나씩 풀어내주고 계셨어요. 마치 블록을 쌓듯, 동작을 하나하나 따라 하다 보면 어느새 다양한 신체 부위를 활용하여 자유로운 몸짓으로 음악에 맞추어 움직이게 되었습니다. 얼핏 춤 같은 움직임으로 보이기도 했죠.

여러 동작이 쌓여가는 동안 음악은 조금씩 더 리드미컬해집니다. 우리가 더 자연스럽게 해방감을 느낄 수 있도록, 선생님이 음악을 조절해 주고 계신 듯했어요. 몽환적인 음악과 자유로운 움직임, 그리고 아무도 나에게 집중하지 않고 있다는 안도감이 삼박자를 갖추는 무렵,

숨어 있던 마음속 깊은 곳의 상처들이 하나둘씩 피어오르기 시작했어요. 별것도 아닌 일에 감정이 격앙되어 있던 모습, 억울함에 울음을 참지 못하고 좌절하던 모습, 누군가를 미워하고 후회를 반복하는 모습.

수많은 부정적인 생각들이 몸 밖으로 배출되는 느낌을 느끼고 있었을 때, 갑자기 30대의 젊은 부모님의 얼굴이 바로 눈앞에서 저를 바라보는 모습이 '파박' 하고 나타났습니다. 이 세상 누구보다 행복한 얼굴로, 갓 태어난 저를 쳐다보며 말할 수 없을 정도로 기뻐하는 모습. 너는 존재 자체만으로 충분하다고, 잘해내지 않아도, 실수하고 넘어져도 괜찮다고 말씀해주시는 듯했습니다. 입을 반쯤 벌린 채, 반짝반짝한 눈으로 "너는 존재 자체만으로 충분해" 하는 듯한 눈빛을 읽는 순간 눈물이 흐르기 시작했습니다.

어떻게든 잘해내고 싶은 마음이 온몸을 지배하고 있었던 시기라, 잘해내야만 좋은 사람이 될 수 있다고, 실패하지 않을 거라고 믿고 있었나 봅니다. 잘해내지 못한 스스로에게 존재의 이유를 물을 만큼 힘들었으니까요. 부모님의 얼굴을 눈앞에 마주한 순간, 단단하게 묶여 있던 고민과 힘듦이 탁 하고 풀렸습니다. 마음 깊숙한 곳에서 비집고 나오듯 생각이 피어올랐습니다. 정말 필요했던 '미움 받을 용기'가 생긴 순간었습니다.

'나는 누군가에게 존재 자체로 기쁨이 될 수 있어. 모두에게 사랑받으려고 애쓰지 않아도 괜찮아.'

이마에 땀이 살짝 맺힐 정도로 각자의 동작에 심취해 있을 무렵, 음악의 템포도 최고조에 이릅니다.

"천천히 눈을 뜨세요."

선생님의 말씀과 함께 눈을 뜨는 순간, 내내 차분하게 움직이던 선생님이 스튜디오를 가로질러 달려나가더니 통창을 가리고 있던 커튼을 열어젖혔습니다. 끝이 보이지 않는 푸르른 대지 위 이국적으로 뻗어 있는 야자수들, 그리고 그 위에 떠오르는 오늘의 뜨거운 주홍빛 태양. 갑자기 밝아진 세상의 아름다움 속에서 방금 갓 태어난 아기가 된 것 같은 느낌을 받았습니다. 처음 보는 것처럼 세상을 보았고, 처음 움직이는 것처럼 몸을 움직였습니다.

그때 느낀 감정은 온전한 해방감이었습니다. 가장 중요하고 소중한 사람들을 잊고 어쩌면 시절 인연일 사람들에게 불필요한 시간을 쏟고 있었던 것 같았어요. 인정받고 싶어서, 잘해내고 싶어서요. 미움 받지 않을 방법을 고민하는 것이 아니라, 미움 받아도 상관없다고 생각하기로 다짐했습니다.

제주도에 있는 3주 동안 머리에 스위치가 켜지는 느낌을 받았습니다. 새로운 사람으로 태어났다고 생각할 정도였습니다. 더 강단 있는 사람이 되었고, 더 멋진 나를 발견하게 되었습니다.

서울에서, 회사에서 계속 같은 일을 하고 있었다면 벗어나기 어려웠을 것이라 생각합니다. 사람은 생각보다 약한 존재인 것 같습니다. 스스로 극복해 내겠다고 애를 쓰지만, 제자리걸음만 하는 경우가 정말 많잖아요.

그럴 땐 스스로가 아닌 환경의 힘을 빌려보는 것도 좋습니다. 완전히 다른 공간에 나를 놓아보거나, 완전히 다른 사람들과 시간을 보내보는 거예요. 새로운 자극을 받으면, 이전과는 다르게 반응하는 나를 만날 수 있습니다. 전에 하지 못했던 생각을 떠올리게 되기도 하고요.

떠나는 건 문제를 회피하는 행위가 아닙니다. 상황에서 온전히 벗어나 오히려 객관적으로 문제의 본질을 파악하고, 해결 방법을 더 명료하게 발견하기 위한 선택이죠. 내 마음을 제대로 들여다보고, 내가 진짜 원하는 것, 나에게 정말 중요한 것을 깨달아야 사람은 달라질 수 있습니다.

일본의 경제학자 오마에 겐이치는 책 『난문쾌답』에서 이렇게 이야기합니다. "시간을 달리 쓰는 것, 사는 곳을 바꾸는 것, 새로운 사람을 사귀는 것. 이렇게 세 가지 방법이 아니면 인간은 바뀌지 않는다. 새로운 결심을 하는 건 가장 무의미한 행위다."

스스로 변화하고 극복하는 것이 그만큼 어렵습니다. 견딜 수 없을 만큼 힘들 때, 우리에게 필요한 건 극복하는 노력이 아니라 벗어나는 행동일 때도 있습니다. 상황이나 환경을 바꿔서 보면 당연하다고 생각했던 것들이 다르게 보일 테니까요. 무엇도 의식할 필요 없는 낯선 곳에서 가장 자연스러운 나를 만날 수 있을지 모릅니다.

# 에필로그

출장 겸 조금 이른 여름 휴가로 인도네시아 발리에 다녀왔습니다. 발리에서는 오토바이가 주된 이동 수단이었는데요, 도로 상황은 상상도 못할 만큼 좋지 않았습니다. 고속도로를 제외하고는 중앙선이 큰 의미가 없을 정도로 자동차와 오토바이로 가득 차 있었죠.

남편과 저는 오토바이 한 대에 함께 타고 매연을 내뿜는 오토바이들 틈에서, 긴 트래픽 속에 서 있었습니다.

뒷자리에 앉아 앞에서 핸들을 잡고 있는 남편의 귀에 대고 속삭였습니다.

"이만하면 참 행복한 삶이야. 그치?"

꽉 막힌 도로에서 조금은 인상을 쓰고 있었을 그는 속삭임을 듣자 마자 입가에 미소를 지었습니다.

"맞아. 해외 여행도 나오고, 시간도 함께 보낼 수 있고."

같은 순간도 어떻게 바라보고 어떤 방식으로 이야기하느냐에 따라 우리가 느끼는 감정이 완전히 달라질 수 있다는 것을 한 번 더 믿게 되는 순간이었죠.

짧은 대화를 나눈 뒤, 보이는 풍경은 사뭇 달랐습니다. 꽉 막힌 도로 대신 이국적인 식물이 무성한 정글이, 여행 기분에 들떠 있는 사람들의 밝은 얼굴이, 한참 무르익은 분위기로 들썩이는 식당이 눈에 들어옵니다.

"아 정말로 이만하면 행복하다."

매연이 가득한 도로에 서 있던 그 순간, 이런 말이 절로 나왔습니다.

같은 날, 같은 장소의 발리 여행객 모두가 같은 생각을 하지는 않을 겁니다. 저 역시 좋은 일만 일어나지는 않았습니다. 도착하자마자 발바닥을 벌에 쏘여 퉁퉁 부은 채로 여행 기간을 보내야 했고, 예약한 숙소는 기대에 못 미치기도 했습니다. 현실에 치여 급히 예약하다 실수를 해서 생각과는 다른 지역에 머물기도 했죠. 그래도 행복했습니다.

다시 서울에 돌아와서 마주하는 장면들마다 감사함과 함께 마음속에 새기고 있습니다. 누군가가 나를 찾아주고, 바쁘게 일을 할 수 있음에, 강아지와 함께 시간을 보낼 수 있음에, 그리고 나의 생각을 글의 형태로 나눌 수 있음에 감사한 마음입니다.

이러나 저러나 흘러갈 우리의 시간들. 마음을 잘 경영

해서 조금 더 행복하게, 그리고 풍성한 기억으로 살아
갈 수 있기를. 여러분도, 저도 그런 삶을 살 수 있기를
바랍니다.

책의 타이틀을 『마음으로 경영하기』로 정해놓고 가장
염려했던 것은 나조차도 초월하지 못한 무엇인가를 마
치 정답처럼 전달하고 있는 것은 아닐까 하는 의문이었
습니다. 저는 여전히 어제도, 오늘도 같은 문제로 몇 년
전의 저와 다를 바 없이 힘들어하니까요.

다만 좀 더 많은 경험을 바탕으로 예전에 비해 조금은
빠르게 힘든 상황에서 빠져나올 수 있게 되었다고는 생
각합니다. 그래서 저의 이야기가 여러분께 간접 경험이
될 수 있다면, 조금 더 빨리 어려움에서 빠져나올 수 있
는 도구가 될 수 있을 거라 생각하며 글을 썼습니다.

힘에 부쳐 손에 쥐고 있던 모든 것을 놓기 직전, 책에서
본 한 문장이 나의 며칠을 버티게 해주었던 기억이 있

습니다. 단 한 분에게라도 그런 순간이 찾아오기를 바라며 글을 마무리합니다. 마지막 페이지까지 함께해주셔서 감사합니다.

초여름의 발리에서,
김효빈

# 마음으로 경영하기

김효빈 지음

초판 1쇄 발행  2024년 9월 2일

발행, 편집  파이퍼 프레스
디자인  위앤드

파이퍼
서울시 마포구 신촌로2길 19, 3층
전화  070-7500-6563
이메일  team@piper.so

논픽션 플랫폼 파이퍼
piper.so

ISBN  979-11-985935-8-0  03320